Luisa Francia · Der untere Himmel

Luisa Francia

DER UNTERE HIMMEL

Frauen in eisigen Höhen

nymphenburger

Meiner Mutter
Trudl Thomele gewidmet

Schutzumschlag: Wolfgang Heinzel
Schutzumschlagmotive:
»Gurla Mandata«, © Bruno Baumann, München
»Alison Hargreaves«, © James Ballard, Schottland
Satz: Filmsatz Schröter GmbH, München
Gesetzt aus 10/14,5 Trump Mediaeval QuarkXPress
Druck und Binden: Graphischer Großbetrieb Pößneck
Printed in Germany
ISBN 3-485-00813-3

Lieber einen Tag Tigerin als tausend
Tage lang ein Schaf.

Alison Hargreaves

Inhalt

Mein Leben im Magnetfeld der Berge

»Du kommst hier nicht weiter!
Wirklich? Eine Frau kommt weiter!«
Alexandra David-Néel

Es war ein kleiner Graben, nicht besonders hoch, nicht besonders breit, durch den Gletscherwasser abfloß. Er war nur durch einen Sprung zu überwinden. »Hundertmal hatte ich es meinen Mädchen gesagt: Nie mit dem Rucksack zum Tal springen«, sagte meine Mutter, »und ich sprang mit dem Rücken zum Tal, verlor das Gleichgewicht durch den schweren Rucksack, fiel auf das Schneefeld und rutschte hinunter, immer schneller. Da blieb der Rucksack wie durch ein Wunder an einem Felszacken hängen, ich konnte hinunterschauen. Unter mir fiel die Wand ungefähr tausend Meter tief ab. ›Keine kommt runter‹, schrie ich, ›ich komme allein hoch‹. Ich konzentrierte mich, grub die Stiefel in den harten Schnee und arbeitete mich Meter für Meter auf allen vieren wieder hinauf. Ich dachte nicht an die Kinder, ich dachte überhaupt nichts. Ich war ganz ruhig. Als ich oben war, gingen wir weiter, als wäre nichts geschehen, aber eine halbe Stunde später fingen meine Knie zu schlottern an, und ich konnte nicht mehr weitergehen. Erst jetzt begriff ich, was passiert war, was hätte passieren können.«

Meine Mutter war eine der ersten Jugendleiterinnen im Deutschen Alpenverein, die eine Frauengruppe führte. Freuden und Gefahren des Bergsteigens waren mir seit meiner Kindheit vertraut. Wenn meine Mutter mit »ihren Mädchen« in die Berge ging, gingen meine Schwester Ilse und ich meistens mit. Ich wuchs im Magnetfeld der Berge auf. »Bergsteigen muß Spaß machen, es geht nicht um Ehrgeiz und Leistung«, sagte meine Mutter. »Der Weg ist wichtiger als der Gipfel.« Meine Mutter ging mit den Schwächsten, und notfalls kehrte sie hundert Meter unter dem Gipfel um. Wenn meine Mutter auf eine Hütte kam, riefen die Leute oft: »Die Trudl kommt, jetzt wird's lustig.« Meine Mutter schnappte sich eine Gitarre und fing an zu jodeln. Singen, Jodeln und Bergsteigen gehörte für mich zusammen.

So lustig es mit den anderen Mädchen, den Frauen war, so unangenehm waren mir oft die Hüttenabende und -nächte. Für Männer gehörten zum Bergsteigen anscheinend rituelle Saufgelage mit viel Geschrei und derben Witzen. Ich mochte die schwitzigen Gemeinschaftslager nicht besonders, wo wir »Löffel schlafen« mußten; alle mußten sich umdrehen, wenn einer sich drehte, man durfte nicht herumkichern, aber die Männer belästigten oft die jungen Frauen (»Geh, stell dich doch nicht so blöd«). Das Imponiergehabe und die Revierkämpfe der jungen starken Typen, die sich ständig messen mußten und nach dem ersten Bier immer eine

Anzüglichkeit auf den Lippen hatten, nervte mich, je älter und bewußter ich wurde. Und auch die Bergsteigerethik, dieser eherne Ehrenkodex mit zugehöriger Kleiderordnung, in den Bergen war mehr, als ich zu schlucken bereit war. Ordentlich ausgerüstet geht man in die Berge, das Schwache wird verachtet oder doch zumindest belächelt, das Starke wird gefeiert. Es geht um Leistung, um die »Überwindung des inneren Schweinehundes«, was immer das sein soll, der Gipfelsieg ist das Ziel. Und die Lieder, die ich als Kind unbekümmert mitgeträllert hatte, wurden mir mehr und mehr suspekt: »Beim Alpenglühen heimwärts wir ziehen, die Berge, sie leuchten so rot. Wir kommen wieder, denn wir sind Brüder, Brüder auf Leben und Tod. Herrliche Berge, sonnige Höhe, Bergkameraden sind wir.«

Brüder, klar, unübersehbar, unüberhörbar. Was ist mit den Schwestern? Die Berge sind natürlich herrlich, nicht dämlich, denn dann würde niemand hinaufgehen wollen. Ich wollte kein Bruder, kein Kamerad sein und auf herrliche Berge gehen. Ich wollte auf dem Weg zum Klo keinem betrunkenen Bergkameraden begegnen und schon gar nicht mehr wollte ich »Berg Heil« hören. Also hörte ich auf, in die Berge zu gehen, obwohl dort für mich das größte Glück lag.

Als ich mein eigenes Leben fern meiner Frauenfamilie, fern der Berge entfaltete, in England, in Rom, in den Demonstrationen der 68er Bewegung, dachte ich manchmal sehnsüchtig an die Nächte unter Sternen auf einem kalten Gipfel, an die Sonnwendfeuer in den Bergen, die uns jetzt unangenehm an die Nazis erinnerten. Ich dachte daran, wie wir uns steile Wege hinaufgeschunden hatten und dann einen Liter Teewasser bestellten und ein Teefix hineinhängten, weil wir uns »Skiwasser«, eine Art Limonade, nicht leisten konnten. Ich dachte daran, wie köstlich ein Käsebrot schmeckte, wenn man völlig ausgepumpt auf einem Felsen hockte und über alle Berge schaute, staunte.

Bergsteigen galt meine ganze Kindheit und Jugend hindurch als Sache der Männer, obwohl gerade ich eine ganz andere Erfahrung gemacht hatte. Eine der Freundinnen meiner Mutter war eine begeisterte Kletterin. Einmal stürzte sie ins Seil. Sie hing da und rechnete mit ihrem Tod. Dann schafften es ihre beiden Freunde, sie hochzuziehen. Sie hatte zwei kleine Kinder. Aber wenn dieser Zwischenfall in der Runde der Frauen diskutiert wurde, sagte nie eine: diese Rabenmutter. Für uns alle war es selbstverständlich, daß Frauen, die leidenschaftliche Bergsteigerinnen sind, auch weiter in die Berge gehen, wenn sie Kinder haben. Und daß sie nicht an ihre Kinder denken, wenn sie in gefährliche Situationen kommen. Daß sie eigentlich in den Bergen überhaupt nicht an ihre Kinder, ihre Familie denken. Das war ja gerade der Spaß beim Bergsteigen.

Die »Burschen« waren nicht gerade begeistert, wenn Frauen in ihre Domänen einbrachen, schwierige Klettertouren machten und sich den Freiraum nahmen, den die Männer für sich allein beanspruchten. »Die Mädchengruppe habe ich gegründet, weil die Burschen die Mädchen auf ihre Touren nicht mitgenommen haben«, sagt meine Mutter. Wenn die Frauen jung waren, dann waren die Männer zwar ganz scharf drauf, ihnen auf Hütten zu begegnen, aber sie wollten trotzdem nicht mit ihnen bergsteigen. Und wenn sie dann mal eine geheiratet hatten, waren sie schon gar nicht mehr begeistert, »auch noch am Wochenende unter Kontrolle zu sein«, wie es ein Bergsteiger auf einer Hütte am Geigelstein einmal formulierte. »Die Frauen sollen, wenn sie einmal verheiratet sind und Kinder haben, daheim bleiben oder leichte Touren gehen, die auch mit Kindern möglich sind.«

»Das ist heute anders«, meint meine Mutter, »da gehen die Frauen oft einmal miteinander in die Berge, und die Männer siehst du am Sonntag den Kinderwagen schieben. Die Frauen lassen sich heute nicht mehr so kurzhalten.«

Daß Frauen auf wirklich hohe Berge steigen, und zwar schon seit Mitte des 19. Jahrhunderts, extreme Touren machen und auch extrem ehrgeizig sein können, erfuhr ich erst vor einigen Jahren. Ich hatte mich den Bergen wieder genähert, diesmal ganz anders. Ich ging allein (»leichtsinnig«, sagte meine Mutter, die es lieber gesehen hätte, wenn ich mit einer Gruppe gegangen wäre), oft ging ich barfuß, die Schuhe an den Schuhbändern über die Schultern gehängt, ich hatte eine Wasserflasche, einen Schlafsack, einen Biwaksack und eine Überlebensfolie dabei. Manchmal stieg ich am Spätnachmittag auf einen Berg, aß die mitgebrachten Köstlichkeiten, kuschelte mich in den Schlafsack und schaute in die Sterne wie früher. An steilen, felsigen Pfaden errichtete ich Steinhaufen für die Geister, die die Vorübergehenden

schützen sollten, und sang für sie. Ich tanzte und stampfte, rief die Sterne und die Steine, die Berggeister, die »Moosfräulein« und die Truden, machte ein kleines Feuer, sang und jodelte. In den Dolomiten lernte ich die Steinkönigin Tanna kennen. Eine alte Geschichte erzählt von ihr, daß sie alle Steine hütet, auch die kostbarsten. Wer mit ihr befreundet ist, findet schon mal einen Stein, mit dem alle Not ein Ende hat. Einmal verliebte sie sich in einen Hirten. Um zu den Menschen gehen zu können, mußte sie ihr Königreich aufgeben. Sie nahm Abschied von den Steinen und ging zu ihrem Liebsten, der versprochen hatte, auf sie zu warten. Aber als sie in sein Dorf kam, hatte er eine andere Frau und erinnerte sich nicht mehr an sie. Nun mußte sie lange Jahre durch Rosengarten, Marmolada und Sellajoch ziehen, bis die Steine sie wieder als eine der ihren erkannten und sie schließlich wieder Königin der Steine wurde. Nun nahm sie keine Rücksicht mehr mit Erdrutschen, Steinschlägen und Geröllawinen. Einmal rief ich sie, indem ich einen Steinkreis legte und die vier Himmelsrichtungen mit einem großen Stein bezeichnete. Ich erzählte der Tanna von meinen Träumen, von meinen Tränen. Ich setzte mich in den Kreis und wartete. In der Nacht fiel plötzlich ein Stein mitten in den Kreis. Da war ich sicher: Sie hat mich gesehen!
Auf dem Untersberg sah ich fast ausgestorbene Orchideen, Dolinen (Höhlen und Löcher im Berg) und begegnete der Percht, der alten Muttergöttin des Alpenlandes. Im Binntal fand ich seltene Mineralien und machte mit Freundinnen Trancereisen zu den Göttinnen der

Berge. Ich lernte die Natur der Berge auf neue Art kennen: Einmal lagen wir im Wallis während der Jagdzeit auf zweitausend Meter Höhe im Moos eines Hochplateaus, wo es auch einen Herzschlagstein gibt, einen Wackelstein, der wie ein Herzschlag des Felsens klingt, wenn man ihn hin und her bewegt. Wir ließen uns auf die spirituelle Energie des »Manibodens« ein, auf die alte Geschichte dieses Bergs. Als wir langsam wieder auftauchten, hatten sich zwei Hirschkühe vor den Jägern zu uns gerettet.

Im Karwendel fand ich einen »Medizinplatz«, einen Ort, an dem ich mich heilen, auftanken, erneuern kann, in einer Landschaft, die genausogut in South Dakota oder Kanada liegen könnte und an die Ureinwohner Amerikas, aber auch an unsere Ureinwohner des Alpenlands erinnert. Die Berge, einst meine Babysitter, wurden zu meinen wichtigsten Verbündeten. Manchmal, wenn ich meine kleine Tochter Walli bei meiner Mutter ablieferte, um wieder mal wild durch die Berge zu rennen, packte mir meine Mutter eine Thermoskanne mit Kaffee und eine Brotzeit ein. Vielleicht machte sie sich manchmal Sorgen, aber ich wußte Walli bei ihr gut aufgehoben und fühlte mich frei, weit hinaufzusteigen, allein zwischen den Felsen zu träumen.

Vom Bergsteigen als Alpinsport hatte ich mich weit entfernt, meine Bergtouren wurden zu schamanischen Reisen. Ich fühlte den Boden, die Steine, das Moos unter den Füßen, roch die feuchte Erde, die Kräuter, die feinen Blüten, ich lernte, das Wetter zu lesen und Zeichen der Natur zu erkennen. »Hast du denn nie Angst, so allein in den Bergen?« fragten mich oft Freundinnen. Aber es gab für mich keinen Grund zur Angst. Ich überschätzte meine Kräfte nicht und kehrte um, sobald ich mich irgendwie unsicher fühlte. Ich hatte immer eine Grundausrüstung für Übernachtungen im Freien dabei.

Da ist es schon etwas anderes, allein in die »Todeszone« zu steigen, du kannst erfrieren, abstürzen, ein Höhenödem kriegen und sterben, Halluzinationen haben und den Weg nicht mehr finden. Ich hätte Angst davor, meine klare Einschätzung der Situation durch Höhenkrankheit zu verlieren oder abzustürzen und hilflos irgendwo zu liegen. Wenn ich ganz wach und bewußt aufsteige, nachts irgendwo auf einem Berg liege und die Stille genieße, gewärmt von Schlafsack und Biwaksack, gibt es nichts, was angst machen könnte. Ich bin noch nie einem Mann während meiner Nächte auf irgendwelchen Bergen begegnet, und schon gar nicht einem, der mich etwa angreifen wollte, was wahrscheinlich im Gebirge sowieso kaum vorkommt. Ich kenne keine Statistiken, aber ich schätze mal, daß ein Abend in einem Bierzelt auf dem Oktoberfest oder eine Fahrt auf der Autobahn gefährlicher ist.
Einmal kam ich nach einer durchwachten, durchtanzten Nacht am Feuer auf einem Grat den Berg herunter. An einer Weggabelung begegnete ich einem frühen Bergsteiger. »Können Sie mir sagen, wie spät es ist?« fragte ich. Er starrte mich an wie eine Erscheinung – barfuß, zerzauste schwarze Haare, schwarzer Pullover, schwarze Hose, bunte Ketten –, fing an zu laufen und rannte

mir einfach davon. Ich mußte lachen. Der dachte wohl, er sei einer der berüchtigten weiblichen Bergdämoninnen, einem Ganggerl oder einer Trude, begegnet!
Ich fing an, die Berge wieder als meinen natürlichen Lebensraum anzusehen, nicht als Verwaltungsgebiet des Alpenvereins. Ich entdeckte schamanisches Wissen in alten Liedern: »Und in dem Schneegebirge, da fließt ein Brünnlein kalt, und wer daraus getrunken, wird jung und nimmer alt.«
Ja, das kannte ich. Du läßt dich auf das kalte klare Wasser, auf den wilden Wind, auf die uralten Felsen ein, und dein Kopf wird frei, du spürst das Leben in allen Zellen. »Möchte immer nur dort oben stehn und meine Berge sehn und möchte nie und nimmermehr zu Tale gehn«, heißt es in einem Lied, das sicher auch ein altes Nazilied ist. Für mich gewann es eine ganz neue Bedeutung, dieses Lied von der Hütte an steiler Felsenwand, als ich Anfang der neunziger Jahre zum ersten Mal im Himalaya bergsteigen war. Ich sah diese Hütte in der Nähe des Shivling. Eine Ma, eine indische Einsiedlerin, lebte gerade darin. Sie war auf dem Weg zum heiligen Berg Kailash. Mit vierzig hatte sie sich von ihrer Familie in Indien getrennt und wollte nun bis zu ihrem Lebensende nur noch weiter hinaufgehen, bis zum Kailash, den sie so lange umrunden wollte, bis sie schließlich sterben würde. Bergsteigen bekam eine neue Dimension. Nicht die Stärksten überleben, sondern die Weichsten, Wachsten, die der Natur und ihren Botschaften am nächsten sind.
Frauen haben wahrscheinlich mehr Ängste, weil sie es

in jahrhundertelanger Domestizierung verlernt haben, für sich selbst Entscheidungen zu treffen, auch unpopuläre. Weil uns gesagt wird, daß Klettern und Extrembergsteigen Männersache ist, halten wir es für zu schwer und zu gefährlich für Frauen. Da wir von Frauen in der Geschichte kaum etwas erfahren und Frauen konsequent aus Chroniken herausgehalten werden – ob das die Frauen im Mittelalter sind, die Soldatinnen wurden, um nicht von Soldaten vergewaltigt zu werden, oder Komponistinnen, Dirigentinnen, Baumeisterinnen, Künstlerinnen oder Extrembergsteigerinnen –, glauben wir, wenn wir etwas Ungewöhnliches vorhaben, daß wir Neuland betreten und Pionierarbeit leisten müssen. Die Überraschung: Fast jeden verrückten Einfall, den eine Frau haben kann, hat mit Sicherheit vor ihr schon mal eine gehabt und durchgeführt. Schwierig ist es nur, etwas darüber zu erfahren, zu lesen. Frauen haben in der Geschichte alle Berufe ausgeübt, alle Heldentaten begangen, alle Verrücktheiten gewagt, die man sich denken kann, aber wir haben nichts davon erfahren. So wie wir auch nie die Geschichte eines Volkes in der Schule lernten, sondern nur die Geschichte von Königen, Feldherren, Kriegen, Helden, Eroberungen.

Für eine Reportage stieg ich zur Gangesquelle auf viertausend Meter hinauf. Noch nie war ich so weit oben gewesen, und zudem hatte ich gerade einen schweren Verkehrsunfall hinter mir. Ich stieg mit einer Metallschiene und siebzehn Schrauben im Bein auf – zum Schrecken meines Chirurgen. Ich begriff, daß die Begegnung mit hohen Bergen von anderen Koordinaten abhängt als von Leistung und Willen. Hingabe ist gefragt. Der Begriff Demut bekam für mich eine neue Bedeutung: nicht als Unterwürfigkeit vor anderen Menschen, sondern als Bewußtsein der eigenen Winzigkeit im Universum. In Demut steckt auch Mut.

Meine Freundin Uschi Demeter öffnete mir die Türe zum Höhenbergsteigen, indem sie es entmystifizierte. Sie war mit Reinhold Messner, mit dem sie verheiratet war, jahrelang zu Basislagern aufgestiegen und noch höher. »Da ist wirklich nicht so viel dabei«, sagte sie einfach, »du mußt halt nach deinem Rhythmus gehen und auf deinen Körper hören.«

Ich wollte den heiligen Berg Kailash umrunden, wie die Ma, die indische Einsiedlerin, die keine Bergsteigerin, sondern eine Pilgerin war und ohne Goretexklamotten, Biwaksack, Schlafsack und Powernahrung einfach mit ihrer Decke und den Nahrungsmitteln zurechtkam, die ihr Menschen brachten. Heilige Berge faszinierten mich. Ich hatte schon am Fuß des Garet-El-Dschennoun, dem Ahnenberg der Touareg, geträumt, der Untersberg war mein Hausberg, ich war zum Bear Butte aufgestiegen, dem Visionsberg von Crazy Horse, und hatte ein wunderbares Zeichen bekommen, eine Schirmmütze der Firma »no fear«. Ich las: »No fear. Limits are there to be broken.«

Jetzt wollte ich also zum Berg Kailash in Tibet. Kaum hatte ich diesen Plan ins Auge gefaßt, bekam ich von der Zeitschrift »Globo« das Angebot, genau diese Reportage zu machen.

Nach menschlichem Ermessen hätte diese Gewalttour für mich unmöglich sein müssen: drei Monate zuvor war mir das Metall aus dem Bein entfernt worden, ich hatte eine Kondition wie ein nasser Waschlappen und konnte mich kaum auf den Beinen halten, zumal ein Oberschenkelknochen an der zweiten Bruchstelle noch nicht einmal ganz zugewachsen war.

Auf dieser Tour hatte ich zum ersten und einzigen Mal bisher keine Höhenprobleme, und das, obwohl die höchste Stelle, der Dölma-La-Paß, fast sechstausend Meter hoch ist.

In Lhasa war ich noch so schwach, daß ich kaum kriechen konnte, also bewegte ich mich immer langsam und völlig ohne Ehrgeiz. Bewegung war schon ein Triumph. Langsame Bewegungen gelten als optimale Höhenanpassung. Ich merkte es kaum, daß ich stärker und kräftiger wurde – mit den Nahrungsmitteln der Tibeter, Gerstenfladen, Buttertee, steinhartem Käse. Ein alter Bönzauberer schenkte mir hundertachtzig Kristallspitzen vom Kailash. Am Dölma-La-Paß teilte ich die Tüte mit Nüssen, Rosinen und Trockenobst, die meine Mutter mir mitgegeben hatte, mit der Gruppe und schenkte der Göttin Dölma mein Amulett. Sie schenkte mir ein nie gekanntes Glücksgefühl. Ich trug eine dünne Stoffhose, darunter Leggins, T-Shirt, Pullover, einen wasserabweisenden, aber nicht wasserdichten Anorak, ein paar Halbschuhe, einen indischen Schal um den Kopf, eine Rabenfeder, die ich ausgerechnet am Fuß eines Berges fand, der »Die Rabenköpfige« hieß, und hatte mein Ausrüstungstrauma endlich überwunden. Ich überstand eine

Nacht in meinem nassen Schlafsack, eingeschneit auf fünftausend Meter Höhe und legte den Rest des Rückwegs durch das Tal nach Darchen barfuß zurück, weil sich meine Füße in Schuhen einfach nicht so gut anfühlen und der Schnee weggeschmolzen war. Und ich entdeckte ein Phänomen, das ich später bei so vielen Höhenbergsteigerinnen wiederfinden sollte: Ich wurde süchtig nach hohen Bergen, süchtig danach, an meine Grenzen, über meine Grenzen zu gehen, meinen Atem zu spüren, mit mir selbst allein zu sein und ganz weit zu werden, wenn es mich auch nie ins ewige Eis zog, schon weil ich dort nicht barfuß gehen kann.

Männlicher Abenteuer-Fetischismus wurde mir zum ersten Mal so richtig bewußt, als ich mit meinem Freund und meiner damals siebenjährigen Tochter Walli kreuz und quer mit einem alten Landrover in der algerischen Sahara herumfuhr. Wir saßen auf einer Sanddüne am Fuß des Tassili-Gebirges, aßen Sardinen, Knäckebrot und Datteln, weil wir nichts anderes mehr hatten und in der Oase Djanet erst unsere Vorräte wieder auffrischen wollten. Walli machte Hausaufgaben. Ein Toyotageländewagen näherte sich, hielt an, vier Männer sprangen heraus. Steirische Naturburschen! Einer hatte ein Messer im Stiefel, sie hatten einen Kühlschrank, Butter, Tiroler Speck, Schnaps, Rotwein, Bauernbrot. »Wir sind Survivalspezialisten«, sagte der eine. Aber als sie meine Tochter sahen, wie sie ihre Rechenaufgaben löste, wurden sie still. Plötzlich war das ganze Abenteuer nichts mehr wert. Wenn sogar eine Frau und ein Kind das überleben, noch dazu mit Knäckebrot, Sardinen und Datteln! Aber da sie eine Knopfharmonika dabei hatten, wurde die Begegnung doch noch sehr lustig.

Ohne Träger, ohne Führer, mit einer guten Karte wanderte ich allein durch Mustang in Nepal. Vorher hatte ich mir von einheimischen Bergführern auf der Karte einzeichnen lassen, wo ich um Unterkunft oder Essen bitten konnte, und was ich dafür ungefähr zahlen sollte. Ich lernte, mich total auf meine Intuition zu verlassen, und kehrte an einem Bergpaß um, als ich spürte, daß ich mich im Nebel verirrt hatte. Bergunfälle passieren zuerst im Kopf. Höhenkrankheit ist eine Kopfkrankheit: Du willst zu schnell zu hoch hinaus, du überschätzt dich. Du hörst nicht auf deinen Körper. Du willst dich aus Ehrgeiz zu etwas zwingen. Du mußt etwas schaffen, damit du nachher damit angeben kannst. Ich stieg allein ins Everestgebiet auf, um eine Reportage über das Basislager und die Everestexpeditionen zu machen. Auf rund fünftausend Meter Höhe bekam ich, was ich eine »Testosteron-Allergie« nannte, ich ertrug die harten Männer, ihre Angeberei, ihre Bierdosen, ihre entfesselten Körpergeräusche, den Geruch ihrer Socken, ihr nächtliches Alptraumgeschrei nicht mehr. Tatsächlich war ich ein bißchen höhenkrank und mußte ein Stück absteigen, um mich zu regenerieren. In eisiger Kälte hockte ich, in meine dicke Seidenjacke und den Schlafsack gehüllt, am Felsen und starrte in die Augen eines Wolfs. Angst, wie ich sie schon lange nicht mehr erfahren hatte, lähmte mich. Aber als ich vorsichtig nach meinem Schweizer Messer tastete (was hätte ich damit wohl ausrichten können?), trollte sich der Wolf, wahrscheinlich hatte ich ihm seinen Schlafplatz weggenommen. Mitten in der Nacht rissen die Wolken auf und gaben den Blick auf die höchsten Berge der Welt frei. Ich saß, von diesem eisigen Gebiß umgeben, und weinte vor Ergriffenheit. Ich dachte an die Frauen, die noch mal drei Kilometer höher in Biwaks überlebt hatten. Frauen, die wirklich ganz hinauf wollten, wie Alison Hargreaves, wie Rebecca Stephens oder Stacy Allison, Frauen, denen es nicht reichte, Chomolungma, der Großmuttergöttin, der Mutter des Universums, genannt Everest, auf dem Schoß zu sitzen, so wie ich jetzt. Frauen, die sich dort hinaufschleppten, wo die Luft dünn, das Blut dick und die grauen Zellen bewußtlos werden. Wo es nichts mehr zu lachen gibt. Ich dachte daran, daß es unanständig ist, Berge und Frauen einfach zu besteigen.

Am nächsten Tag stieg ich wieder auf und traf Miss Moon, eine Ärztin aus Korea. Sie hatte eine koreanische Everestexpedition begleitet und war höhenkrank geworden. Der Expeditionsarzt gab ihr Diamox, ein Mittel gegen Höhenkrankheit, aber es enthält Schwefel, und Miss Moon war gegen Schwefel allergisch. Zum Glück halfen ihr die italienischen Wissenschaftler des Forschungszentrums in Lobuche auf etwa 4700 Meter Höhe mit einem Gegenmittel. »Ich vermisse meine Mutter«, seufzte sie, und ich dachte, daß ein Mann so etwas niemals als Entschuldigung dafür gelten lassen würde, daß er einen Berg nicht besteigen will. Miss Moon und ich hatten viel Spaß und aßen ihren restlichen Zitronenkuchen auf. Zwei Amerikaner fragten mich, wohin ich gehe. »Zum Basislager«, sagte ich. »Wo ist deine Gruppe?« fragten sie. »Ich gehe allein«, sagte ich. »Wo sind dein Träger und dein Führer?« fragten sie. »Ich bin allein«, sagte ich. »Wir gehen auch allein«, sagten sie und machten sich mit ihrem Träger und ihrem Bergführer wieder auf den Weg.

Von heldenhaften »Alleingängern« erzählte mir auch Ang Kanchi, die Wirtin der Himalaya- und Rhododendron-Lodge in Debuche. Beim Abstieg war ich so erschöpft, daß ich mich neben den Weg legte und einschlief. Ich wurde von zwei Nonnen geweckt, die sich flüsternd, fast wie Vögel zwitschernd, über mich beugten, mir meinen Rucksack abnahmen und mich ins Kloster einluden, das ich auf dem Hinweg nicht zu besuchen gewagt hatte, weil es in den Büchern hieß, daß die buddhistischen Nonnen des Klosters keinen Wert auf Besuch legen. Als ich die Oberin des Nonnenklosters fragte, warum wohl Menschen auf derart hohe Berge steigen wollen, sagte sie nur: »Difficult reincarnation«, schwierige Reinkarnation!

Ang Kanchi ist die Schwester einer der Nonnen. Ich blieb ein paar Tage bei ihr und ruhte mich aus. Am Abend zeigte sie mir alte Fotos von Expeditionen zum Everest, ich durfte in ihren kostbaren Büchern blättern, die Seiten schon ganz abgegriffen, sie saß mit ihrem kleinen Neffen auf dem Schoß neben mir, erzählte, kommentierte. Sie kannte alle berühmten Höhenbergsteiger persönlich, zum Teil aus der Zeit, als sie noch mit Expeditionen unterwegs war. In einen österreichischen Bergsteiger war sie eine Zeitlang unglücklich verliebt. Zum ersten Mal wurde mir jetzt klar, daß es natürlich auch immer schon Sherpani, also Sherpafrauen, gegeben hatte, die Expeditionen begleitet und die Lasten getragen hatten, wenn auch kaum eine auf die höchsten Gipfel aufstieg.

Die erste Sherpani auf dem Everestgipfel, Pasang Lhamu, verunglückte im April 1993 beim Abstieg tödlich. In Nepal wurde sie zur Volksheldin erklärt und ihre Leiche zu Tal gebracht, was eigentlich nicht üblich ist, denn der alte Brauch sagt: »Wen die Göttin sich holt, den soll sie auch behalten.« Nach den Erzählungen von Ang Kanchi schaute ich mir die Expeditionsbücher noch mal genauer an und entdeckte unter anderem bei Wolfgang Nairz ein doppelseitiges Foto: »Tragbänder über der Stirn befördern die Sherpaträger bis zu dreißig Kilogramm pro Mann.« Das Foto zeigt drei Sherpani mit Röcken, eindeutig Frauen.

»Träger! Pro Mann!«

»Sei doch nicht so spitzfindig«, sagte ein Freund zu mir. Aber was heißt schon spitzfindig: Als der Bürgermeister von Magdeburg das Bürgermeisteramt als Amt der Bürgermeisterin festlegen wollte, ging ein Aufschrei der Empörung vor allem durch die männliche Bevölkerung. Wieso denn Bürgermeisterin? Wenn der Bürgermeister ein Mann ist? Eben. Welcher Mann möchte sich so einfach zur Frau erklären lassen? Welche Frau möchte andererseits ein Mann sein? Und regen nicht Männer sich am meisten über »Mannweiber« auf?

An einem der letzten schönen Herbsttage zieht es mich noch einmal hinauf zum Untersberg, »meinem« Berg. Ich habe mir bei einem Radunfall einen Nerv im rechten Bein traumatisiert, vielleicht ist es auch ein Bandscheibenvorfall. Ich hinke, und das Bein tut bei jedem Schritt weh, aber ich weiß, der Berg ist mein Notprogramm, meine Heilung. Zum ersten Mal bin ich richtig ordentlich ausgerüstet, Bergschuhe, Daunenjacke, feste Kleidung im Rucksack, schließlich ist Herbst, und ich könnte ja auf Schnee und Eis treffen. Steil ist der Untersberg, man darf nicht zu oft nach unten schauen, denn da sind tiefe Felsabstürze, Rinnen, scharfe Felszacken. Auf allen vieren ziehe ich mich barfuß über den Dopplersteig hinauf. Weiter oben liegt tatsächlich Schnee, und die Steine sind mit einer dünnen Eisschicht überzogen. Jetzt kann ich alles brauchen, was ich dabeihabe. Ich muß sorgfältig jeden Schritt setzen. Die Wirtin der Alpenvereinshütte, Kathi, hat ihr halbes Leben auf dem Berg verbracht. Freilich, man muß schon gut ausgerüstet sein, das ist ja selbstverständlich, aber gefährlich ist der Berg nicht, die Menschen sind halt oft leichtsinnig!

Raben fliegen um das Geiereck herum. Ich finde einen Stein, der genauso aussieht wie ein Geierkopf. Unten läßt die Hektik nach, die Lichter von Salzburg strahlen herüber, und über uns leuchten die Sterne. Stille hüllt mich ein. Beim Abstieg hole ich mir einen Muskelkater, wie ich schon lange keinen mehr hatte, aber der Nervenschmerz im Bein ist weg.

Hüttenwirtinnen wie die Kathi am Untersberg bewälti-

gen das Leben auf hohen Bergen mühelos, sie steigen ja oft sogar in Schnee und Eis durch den Fels.
»Vergessen Sie die Sennerinnen nicht!« sagt meine neunzigjährige Freundin Elly Beurer, die in Murnau ein Antiquitätengeschäft betreibt. Sie ging als junge Frau leidenschaftlich gern in die Berge, und die Sennerinnen waren ihr ein Beweis dafür, daß Frauen für das harte Leben in den Bergen keineswegs zu schwach waren. »Wenn sich da ein Tier verstiegen hat, mußten sie oft weit hinaufkraxeln, um es wiederzufinden, ganz ohne Hilfe und ohne Seil«, sagt Elly.

Mein Aufstieg zu den Bücherbergen hat begonnen. Hier ist die Luft auch manchmal ganz schön eisig. Seitenhiebe auf Frauen, blöde Bemerkungen, arrogante Kommentare sind keine Seltenheit. Warum eigentlich? Warum nicht etwas benennen, was seit mindestens hundertfünfzig Jahren Tatsache ist: Frauen steigen auf hohe, auf die höchsten Berge, sie tun das mit oder ohne Hilfe von Trägern und Sherpa oder Bergführern, sie gehen mit oder ohne Sauerstoff, sie sind sympathisch oder streitsüchtig, leistungsorientiert oder gelassen, ehrgeizig oder verspielt, sie gehen schneller oder langsamer, sie haben zu Hause Kinder oder nicht, sie kehren lebend zurück oder sterben in den Bergen – genau wie Männer.

Über alle Berge – Chronik des Frauenbergsteigens

Wer bei den Klassikern der Alpingeschichte nach Frauennamen forscht, kann lange suchen. Nicht daß es überhaupt keine Frauennamen gäbe. Aber bei gut recherchierten Titeln wie »Kleine Chronik des Alpinismus« von Jost Perfahl oder »Die Geschichte des Alpinismus« vom renommierten englischen Bergsteiger, Kletterer und Everestbegeher Chris Bonington macht man sich doch irgendwie Hoffnungen auf eine umfassende Beschreibung des Alpinismus, in der zwar vielleicht der eine oder andere Name fehlt, entscheidende Ereignisse in der Geschichte der Menschen auf Bergen jedoch beschrieben sind. Was Frauen betrifft, sind diese entscheidenden Ereignisse folgende: Perfahl bringt »1552 früheste bekannte Damentour«. Dann schweigt der Chronist und erwähnt gerade noch die Eiger-Besteigerin Sylvia Kysilkova (1976) und (mit Foto) Luisa Iovanova, die erste Freikletterin in der Marmolada-Südwand. Die Eröffnung des Bauernmuseums Glentleiten ist ihm einen ganzen Absatz wert, dafür hält er Erstbegehungen von Frauen, Gründungen von Frauenclubs und -gruppen vermutlich wie viele Männer für exotische Randerscheinungen in der Geschichte des Alpinismus.

Chris Bonington, der's eigentlich besser wissen müßte, denn er kennt ja nicht wenige der englischen Bergsteigerinnen, sind die Frauen das Papier in seinem Buch nicht wert. Zwar gibt es ein Foto der »respekteinflößenden« Lucy Walker und von »Miss Brevoort«, aber er läßt keinen Zweifel daran, daß Frauen eigentlich keine Rolle spielen. Später gibt es bei ihm noch Wanda Rutkiewicz und die Kletterexpertin »Catherine Destivelle, die 1975 allein die Westwand des Dru durchstieg«. Das war's. Vom Pinnacle Club oder vom Ladies Alpine Club in England hat er offenbar nichts gehört oder findet die Gründungen ebenso wie Frauenexpeditionen nicht erwähnenswert. Die Frauen werden einfach verschwiegen.
Selbst Roger Frison-Rocks 1996 erschienene »History of Mountain Climbing« stellt unter fünfzig berühmten Bergsteigern nur eine einzige Frau vor. Gäbe es nicht Felicitas von Reznicek, die 1967 ihre Geschichte des Frauenbergsteigens in Europa, »Von der Krinoline zum sechsten Grad«, schrieb und 1968 eine alpine Frauengruppe in der Schweiz gründete, wäre es wirklich fast unmöglich, den Faden der Frauen auf hohen Bergen aufzugreifen. Da ich mich nie wirklich mit der Geschichte des Bergsteigens von Frauen beschäftigt hatte, zwar Bergsteigerinnen kannte, aber noch mehr Bergsteiger, die so taten, als seien Frauen eigentlich zu schwach für hohe Berge, war ich doch überrascht, als ich von Gertie Reinisch erfuhr, daß bereits im Jahr 385 die Nonne Ätheria den Berg Sinai bestiegen haben soll. Einerseits weiß ich ja von mir selbst, daß Frauen halt auf Berge steigen und nicht soviel Aufhebens darum machen, daß es vielen

Frauen zu blöd ist, ein Tourenbuch zu führen, und daß kaum eine Frau mit letzter Kraft auf einen Gipfel hechelt, um den Gipfelstempel in ihr Buch zu drücken. Andererseits ist es doch immer wieder ein wohltuender Schock, von ungewöhnlichen Abenteuern von Frauen dann doch mal was zu lesen und es schwarz auf weiß zu haben. Gertrude Reinisch berichtet in ihrem Buch über die erste Frauenexpedition zur Shisha Pangma auch über die erste Frauenseilschaft auf die Laugenspitze in Südtirol 1552 und daß man im Mittelalter eine junge Frau aus Davos der Hexerei bezichtigte, nachdem sie das Tinzenhorn bestiegen hatte.
»Vielleicht waren wir es müde, immer von anderen Bergsteigern an der Hand genommen zu werden ... wie in anderen Gängen des Lebens wollten Frauen auf eigenen Füßen stehen. Für manche Frauen mochte das ja wunderbar sein, sich männliche Hilfe als Krücken zu borgen, am Seil eines Mannes zu gehen, aber es ist doch noch besser zu entdecken, daß wir eigene Füße haben!« schreibt Emily Kelly, eine der frühen Bergsteigerinnen.

»Kann eine Frau überhaupt bergsteigen? Ist ihre Konstitution nicht viel zu zart?« fragt in einem Artikel über berühmte Bergsteigerinnen Maude Wundt. Das ist eine rhetorische Frage, denn sie selbst ist begeisterte Bergsteigerin und kennt viele andere. Die Deutung der weiblichen Konstitution ist offenbar ein in den verschiedenen Kulturen unterschiedliches Phänomen. In Guinea-Bissau diskutierte ich mit einer Dorfchefin das »starke Geschlecht«. »Bei uns gelten die Männer als starkes

Geschlecht«, sagte ich. Fatou lachte. Sie war in einem Dorf aufgewachsen, in dem die Frauen das Sagen haben, die Häuser bauen, das Vieh hüten, die Felder bestellen. Die Männer heiraten in die Frauenfamilie hinein, und wenn die Ehe nicht klappt, müssen sie sich trollen. Sie bauen sich dann ein Hüttchen am Rand des Dorfes und schmollen ein bißchen. Sie sehen wunderschön aus, weil sie sich für die Frauen attraktiv machen wollen. »Kriegen bei euch die Männer Kinder?« fragte Fatou. Daran hatte ich noch gar nicht gedacht. Wieso gelten denn Frauen als zart? Jeden Monat menstruieren sie, verlieren jede Menge Blut, erneuern sich, kommen wieder zu Kraft. Gebären Kinder, ziehen sie auf. Und natürlich machen sie auch bei uns die schwerste Arbeit: den Einkauf schleppen, waschen, Wäsche aufhängen, Hausarbeit, alle möglichen Reparaturen im Haus und Garten, Gartenarbeit, Feldarbeit. Sie schleppen ihre Kinder, bis ihnen die Bandscheiben heraushängen. Und wenn man sich die Darstellungen von Frauen des 17. und 18. Jahrhunderts bis zum heutigen Tag anschaut, dann mag es wohl immer wieder männliche Idealvorstellungen von zusammengeschnürten Wespentaillen, magersüchtigen, halbverhungerten, androgynen Körpern, bauchlosen, ätherischen Wesen gegeben haben, aber die tägliche Realität waren und sind doch auch Frauen, die das haben, was sie wahnsinnigerweise seit ewigen Zeiten bekämpfen: einen Bauch, breite Hüften, ein breites Kreuz, stämmige Beine, feste, auch große Füße, kräftige Hände und Arme. Die Frauen meiner Kindheit waren große, »feste« Frauen (fest ist im Bayerischen nicht direkt fett,

aber »gestanden«). Die Frauen, die mit meiner Mutter in die Berge gingen, waren zum Teil muskulöse, kräftige, wilde junge Frauen, bei denen die Gehirnwäsche (noch) keine Wirkung zeitigte, die sich (noch) nicht verbiegen und zurechtstutzen lassen wollten. Nicht zufällig sind wohl unter den Bergsteigerinnen immer schon freiheitsliebende Frauen wie Annie Smith Peck gewesen, die übers Bergsteigen sagt: »Ich will eine Höhe erreichen, wo vorher kein Mann seinen Fuß hingesetzt hat. Ich habe immer an die Gleichheit der Geschlechter geglaubt und fühlte, daß jede Errungenschaft der Frauen unserem Geschlecht nützt.« In den zwanziger Jahren erkannte die amerikanische Bergsteigerin Miriam O'Brian: »Wer hinter einem anderen, guten Bergsteiger geht, wird das Bergsteigen nie wirklich lernen. Ohne die Erfahrung, selbst zu führen, allein zu gehen, wird man das eigene Potential nie wirklich entdecken, die sicherste Route finden, das Wetter interpretieren lernen.«
Solche Reden waren dem englischen Bergsteiger Alfred Mummery ein Greuel. Er ging zwar mit seiner Frau Mary in die Berge und bezeichnete seine Kletterpartnerin Lily Bristow als »vorbildliche Kletterin, von der viele Männer das Klettern lernen können«, gleichzeitig aber gab er eine chauvinistische Regel aus, die immer wieder zitiert wurde: »Jeder Berg ist zu drei Stadien verdammt: 1. Der Gipfel ist unerreichbar. 2. Der Gipfel ist erreicht, man sucht die schwierigste Route. 3. Jetzt ist der Aufstieg ganz leicht – auch Frauen können gehen.«
Und Graeme Dingle sinnierte: »Berge gelten als uninteressant, wenn Frauen hinaufgegangen sind.«

Demnach ist seit 1809 der Gipfel des Montblanc (4810 Meter) für Männer erledigt, denn da erreichte schon die Französin Marie Paradis den Gipfel. Die Berichte über diese Besteigung variieren. Die einen sagen, Marie sei »hinaufgezerrt« worden, die anderen meinen, sie sei so geschäftstüchtig gewesen, daß sie ihren Verkaufsstand am Fuß des Montblanc dadurch attraktiver machen wollte. Wie dem auch sei, sie war zweifelsfrei auf dem Gipfel.

Wenn es auch nicht möglich ist und den Rahmen dieses Buches sprengen würde, alle Frauen aufzulisten, die auf hohen und sehr hohen Bergen waren, will ich doch wenigstens einen Überblick über das Bergsteigen von Frauen geben, in der Hoffnung, daß andere Frauen weiterforschen:

1838 Henriette d'Angeville bestieg den Montblanc. Das Unternehmen gelang unter anderem wegen des »reichen Vorrats an Wein, der die Männer durchhalten ließ. Sie hatte einen harten Kopf, diese ›Braut des Montblanc‹«, und sie sagte von sich selbst, die Berge seien ihre »eisigen Liebhaber«, deshalb brauche sie keinen Mann. Im selben Jahr ging die sechzehnjährige Marie Karner auf den Ortler (3899 Meter).

1850 zieht Mrs. Henry Warwick Cole zum Aeggischhorn (3953 Meter) und Pic de Grivola (3969 Meter) und dank der seltsamen englischen Angewohnheit, die Frauen in den Besitz ihrer Ehemänner übergehen zu lassen, erfahren wir nicht mal ihren Vornamen.

1869 meldet das Jahrbuch des Schweizer Alpenclubs, daß das Schreckhorn (4078 Meter) durch Fräulein Brunner erstiegen wurde.

1871 steigt Karoline Gräfin zu Ortenburg auf Großglockner (3797 Meter) und Großvenediger (3674 Meter), Jungfrau (4158 Meter), Finsteraarhorn (4274 Meter), Aletschhorn (4195 Meter). Insgesamt hundert Besteigungen unternimmt sie in ihrem Leben. Bergsteigen zu dieser Zeit hieß: zu Fuß bis zum Berg, zu Fuß ganz hinauf, zu Fuß ganz hinunter und zu Fuß wieder in die nächste Ortschaft.

1871 steigt auch Meta Brevoort aufs Bietschhorn (3934 Meter) und wagt den ersten Winteraufstieg zum Wetterhorn (3701 Meter) und zur Jungfrau. 1874 schreibt sie unter einem männlichen Pseudonym einen Artikel für das »American Alpine Journal«, das keine Beiträge von Frauen druckte. Sie erfand »on and off« einen Rock, unter dem eine Hose steckt. Im Gebirge konnte der Rock »abgehakt« werden.

Ebenfalls *1871* besteigt Lucy Walker als erste Frau das Matterhorn (4478 Meter).

1873 bis 1888 geht Emily Hornby in die italienischen und Schweizer Berge und schreibt darüber lebhaft an ihre Schwester.

Bis Anfang des 20. Jahrhunderts gibt es unzählige Frauen, die auf die höchsten europäischen Berge steigen: Mary Mummery, Mrs. E. P. Jackson, Lucy Le Blond, Lily Bristow, Hermine Taschuburg-Geduly, Jenny Winkler, Henriette Terschak, Luise Niepmann (steigt ohne Wissen ihrer »ängstlichen Eltern« auf den Dachstein, 2995 Meter), Jeanne Immink aus Amsterdam, Rose Friedmann aus Wien, Toni Ronketti, die schon mit sechs Jahren auf dem Schlern stand, Herma Knoch aus Graz, die Mitte des 19. Jahrhunderts über dreihundert Touren geht, Jenny Winkler von Forazest aus Wien, die ihren siebzigsten Geburtstag auf einem Dreitausender feiern wollte, Maude Wundt (macht ihre Hochzeitsreise aufs Matterhorn) und die Abenteurerin und Reisende Gertrude Bell, die über ihr Bergabenteuer auf dem zweithöchsten Gebirgsmassiv der Alpen, dem Monte Rosa, mit dem Bergführer Fuhrer schreibt: »Ich streckte mich noch ein wenig höher, immer ihn auf der Schulter, mußt du dir vorstellen, und dann zog er sich an den Händen hoch, ich streckte meinen Arm aus, machte mit der Hand eine Kante für ihn zum Draufstehen. Er rief: ›Ich fühle mich überhaupt nicht sicher. Ich fürchte, wir werden alle sterben.‹ Da sagte ich: ›Ist schon in Ordnung, ich kann noch eine Woche hier stehen.‹« Bell wurde von ihren Berggefährten als »die Seele des Durchhaltens« in einem grauenvollen siebenundfünfzig Stunden dauernden Sturm, der die Gruppe in einer Wand überraschte, bezeichnet.

Hört oder liest man Bergtourenberichte, kann man leicht den Eindruck gewinnen, daß Frauen in den Bergen beherzter und besserer Laune sind, mehr Mut haben. »Mancher starke Mann vermag ein Kind nicht so lange auf dem Arm zu tragen, ohne zu ermüden, als eine viel schwächere, zartere Frau dies gewöhnt ist«, weiß zu Recht Frau Tauscher, eine der frühen Bergsteigerinnen, zu berichten, die Aletschhorn, Dom (4545 Meter), Montblanc, Jungfrau, Schreckhorn (4078 Meter), Ortler und andere hohe Berge bestieg. »Es zeugt von Kenntnis des tatsächlichen Lebens«, fährt sie fort, »wenn wir hören, daß den Damen bei Unbequemlichkeiten der Humor nicht so leicht ausgehe, daß sie auch schlechtes Essen besser ertragen.«

Die beiden Schwestern Anna und Adelheid Frank von Liechtenstein aus Wiesbaden entdeckten Ende des letzten Jahrhunderts die Berge mit einundvierzig respektive fünfundvierzig Jahren, fanden am Bergsteigen Gefallen, stiegen auf den Cevedale (3769 Meter), auf Großglockner, Wiesbachhorn (3584 Meter), Weißkogel (3736 Meter), Königsspitze (3859 Meter) und dreimal auf den Ortler. »Wir hätten«, schreibt Anna von Liechtenstein, »schon mehr unternehmen können, aber aus übertriebener Bescheidenheit, über die wir uns nachträglich immer wieder ärgern, haben wir leider viele schöne Touren nicht gemacht, die wir leicht hätten bewältigen können.«

1897 verbrachte Mabel Rickmers ihre Hochzeitsreise auf den Dents du Midis (3257 Meter), und Cenzi Sild verbrachte fast ihr ganzes Leben im Gebirge, bestieg sogar mutterseelenallein den Ushba (4710 Meter) im Kaukasus.

1902 bestieg auch Helene Kuntze einige Berge im Kaukasus und das Schreckhorn. Sie vergleicht das Bergsteigen mit anderen Sportarten und kommt zu folgendem Ergebnis: »Jeder andere Sport gewährt Vergnügen, hier aber, wo wir angesichts einer großen, überwältigenden Natur und unter dem Einfluß dieser weisen Lehrmeisterinnen unsern ganzen Ernst einsetzen, unsere Kraft betätigen müssen, erfüllt reinster Genuß unsere Brust.«

Auf hohe Berge zog es Paula Wiesinger aus Bozen, die Skiweltmeisterin von 1932, auch »Besessene von Bozen« genannt, Eleonore Nell-Hasenclever und Fanny Bullock Workman, die sogar im Karakorum herumstieg und von Kaschmir nach Ladakh ging.

Annie Smith Peck machte sich besonders lustig über die damalige Vorstellung der Mediziner, Frauen sollten »nicht gehen, wenn sie fahren können, nicht stehen, wenn sie sitzen können«, und sie fügte zweideutig hinzu: »Und wohl auch nicht sitzen, wenn sie liegen können.« Peck sah im Bergsteigen eine Chance für die Befreiung der Frauen.
Hedwig Neizert, die hohe Dolomitenspitzen und den Ortler erklomm, erkannte: »Die Überwindung von Schwierigkeiten gibt der Frau Selbstvertrauen und erzieht sie zur Selbständigkeit. Wer für die Schönheit der Natur empfänglich ist, den zieht es immer wieder nach den luftigen Höhn, und die fröhlichen Bergfahrten bilden den schönsten Schatz der Erinnerung.« Das könnte so ähnlich auch meine Mutter gesagt haben.

1909 verliebte sich Freda du Faur, die im australischen Busch aufgewachsen war, in die Berge und bestieg als

erste Frau den Aorangi, so heißt in der Maorisprache Neuseelands der später umbenannte Mount Cook (3764 Meter). »Eine Bergsteigerin wird, genau wie eine Dichterin, nicht gemacht, sondern geboren«, war ihre Überzeugung.
Freda du Faur erregte den Zorn der Öffentlichkeit, weil sie es gewagt hatte, ohne Ehemann allein mit einem Bergführer loszuziehen. Also entschloß sie sich bei ihrer nächsten Tour schweren Herzens, einen zweiten Mann als Träger mitzunehmen, was sie eine Stange Geld kostete. Sie witzelte darüber, daß nun anscheinend die Grenzen der Schicklichkeit gewahrt waren.

1907 gründeten die Kletterinnen und Bergsteigerinnen Englands, die im British Alpine Club nicht aufgenommen wurden, den Ladies Alpine Club.

1910 gründete Dorothy Pilley mit Annie Wells und Lilian Bray zusammen den Pinnacle Club.

Zwischen *1910 und 1930* zog Alexandra David-Néel durch Indien, China und Tibet. Sie war zwar keine Alpinistin, sondern erforschte Indien und Tibet als Pilgerin und Buddhistin, aber im Lauf ihrer zwanzigjährigen Wanderungen durch Tibet stieg sie über manch hohen Bergpaß, und auf sechstausend Höhenmeter wird sie ohne weiteres hinaufgekommen sein, denn das ist auf dem tibetischen Hochplateau keine Seltenheit. David-Néel war für eine Alpinsportlerin viel zu dick und auf ihrer Tibetreise schon über fünfzig Jahre alt. Das beweist wieder einmal, daß Stärke, Durchtrainiertheit und körperliche Ertüchtigung durchaus nicht die Voraussetzungen für Höchstleistungen in den Bergen sind. Vielmehr scheinen Qualitäten wie Idealismus, Herzenswärme, Ausdauer, Humor, Heiterkeit, Gelassenheit und Einfühlungsvermögen so wichtig zu sein wie eine starke Motivation. Erstaunlich oft wird gerade in den Expeditionsberichten von Männern auch das Glück als nicht berechenbare wichtige Zutat genannt.

1918 wurde der Schweizer Frauen-Alpenclub gegründet.

1918 wagte Loulou Boulaz mit dreiundfünfzig den Versuch, die Eiger-Nordwand zu durchsteigen und mußte wegen schlechten Wetters umkehren.

In den zwanziger Jahren zog es auch Jane Hales mit ihrer Schwester in die Berge – in Gymnastikröckchen. »Das war aber keine gute Idee«, schrieb sie in ihrer Autobiographie »Memoirs of a Modest Mountaineer«. Sie traf eine Frau namens Alice, die einen schrecklich unpraktischen Rock bis zum Boden trug, von Fels zu Fels sprang, sich mit Schnee einrieb und sich danach häutete. Alice imponierte ihr, sie schien ziemlich viel einstecken zu können, stürzte oft, daß ihr die Ohren klangen, aber sie war immer guter Dinge. Die beiden Frauen nannten ihre Liebe zu den Bergen »Mountain Madness«, Bergverrücktheit. Und auf die Röcke hatte Jane auch keine Lust mehr. »Dann trug ich immer die Reithose meines Bruders«, freut sie sich. »Es hat keinen Sinn, in den Bergen zimperlich zu sein.«

Nadja Fajdiga aus Ljubljana schaffte *1928* die erste Matterhorn-Nordwandbegehung einer Frau.

Die Frauen des Pinnacle Clubs unternahmen in den Jahren *1928* und *1929* einige Frauentouren in Wales, Island und zur Nordseite der Dents Blanches (4357 Meter). Nea Barnard wurde mit sechzehn Jahren zum jüngsten Mitglied de Pinnacle Clubs.

Als *1929* die Amerikanerin Miriam O'Brian die erste Frauenseilschaft, die Cordée Feminine, zum Grépon (2713 Meter) führte, wurden die Frauen als Mannweiber und frustrierte Emanzen beschimpft. Der Bergsteiger Etienne Bruhl schimpfte: »Der Grépon ist verschwunden, da stehen zwar noch ein paar Felsen, aber nachdem er von zwei Frauen allein bestiegen wurde, kann ein Mann, der etwas auf sich hält, da nicht mehr hinauf. Schade, weil das eine sehr schöne Tour ist.«

1933 führte Nea Morin eine Frauenseilschaft auf Meije (3983 Meter) und Blatière (3522 Meter), mit dabei waren Micheline Morin, ihre Schwester und Alice Damesme.

Auch aus Italien kamen kühne Kletterinnen: Graziella Cesarin aus Padua und Bianca di Beaco aus Triest, die sogar eine Seilschaft führte.

1934 bestieg Hetty Dyrhenfurth den Queen Mary Peak im Karakorum und war die erste Frau auf 7422 Metern.

1935 gelang Loulou Boulaz mit Lulu Durand die Besteigung des Hauptpfeilers der Grandes-Jorasses (4208 Meter).

1935 ging die Schweizer Abenteurerin und Schriftstellerin Ella Maillard »zu Fuß, zu Pferd, zu Yak« durch die Mongolei und durch Tibet.

1938 wurde Ella Maillart in den Schweizer Frauen-Alpenclub aufgenommen.

1939 unternahm Gladys-Jean Low einige Expeditionen auf eigene Faust zum Himalaya. Sie heuerte Träger und Führer an und stieg in der Kuluregion zu einem damals nicht begangenen Berg namens Ghopil Dar (6249 Meter) auf.

1948 gründete Irmgard Dobler eine Mädchengruppe des Deutschen Alpenvereins in München, 1955 folgte ihr Trudl Thomele mit der Mädchengruppe der Sektion Grafing/Ebersberg.

»Gerade diejenigen geistigen Eigenschaften, die in der Erziehung der Frau zumeist vernachlässigt werden, werden beim Bergsteigen entwickelt: Beobachtung, Vorsicht, Geistesgegenwart, Geduld, Selbstbeherrschung, Entschlossenheit und Ausdauer«, schreibt Mabel Rickmers.
In den fünfziger Jahren war der Bann gebrochen und Frauen drängten auf die höchsten Berge.

1950 zog es Claude Kogan und Nicole Leininger als erstes Frauenteam in die peruanischen Anden, wo sie den 6900 Meter hohen Quitarju bestiegen.

1951 Pat Whinnerah stieg auf den 5895 Meter hohen Kilimandscharo in Kenia.

1953 war Mme Marmillod die erste Frau auf dem 6957 Meter hohen Aconcagua.

1953 wurde die Engländerin Gwen Moffat die erste professionelle Bergführerin. Im selben Jahr stieg Claude Kogan auf den 7800 Meter hohen Nun Kun.

1955 unternahmen die Frauen des Scottish Climbing Clubs Evelyn Camrass, Esmé Speakman, Monica Jackson und Elizabeth Stark die erste Frauenexpedition in den Himalaya.

1955 unternahm eine englische Frauenexpedition eine Tour zum Gyalgen Peak (6328 Meter) in Nepal.

1956 steigen Denise Shortall und Ree Leggett in einer Frauenseilschaft aufs Matterhorn und aufs Zinalrothorn.

1959 nahm Nea Morin an einer Expedition zur Ama Dablam teil, bei der zwei ihrer Freunde umkamen. »Während der Expedition«, schreibt sie, »erfuhr ich, wie sich der Körper an Bedingungen gewöhnen kann, die man normalerweise für lebensfeindlich hält, und steht sogar noch große körperliche Anstrengung durch. Allein diese Erfahrung ist die Mühe wert.« Sie stieg nicht auf den Gipfel der Ama Dablam, sondern, um die Expeditionsteilnehmer zu beobachten, auf den benachbarten, nur etwa 6300 Meter hohen Ambu Gyabjen.

1959 organisierte Claude Kogan die erste internationale Frauenexpedition zum Cho Oyu, wo sie zusammen mit Claudine Van der Stratten und Ang Norbu unter einer Lawine im Lager IV auf 7800 Meter begraben wurde. Drei Frauen des Pinnacle Club nahmen an dieser Expedition teil: Dorothea Gravina, Margaret Darvall und Eileen Healey.

1961 unternahm eine britische Frauenexpedition eine Reise ins Kulugebiet.

1961 bestiegen Nancy Smith und Denise Evans in einer Zweierseilschaft den Central Peak im Himalaya (6600 Meter) und den Lions Peak, der etwa genauso hoch ist. Mit der sechzigjährigen Dorothy Gravina stiegen sie dann auf den siebentausend Meter hohen Kagmara Peak, ihren »Lieblingsberg«.

1964 war die Deutsche Daisy Voog die erste Frau auf dem Eiger (3970 Meter).

1965 durchstieg Ivette Vaucher die Matterhorn-Nordwand.

1965 erreichte eine indische Frauenexpedition den Gipfel des Mrigthuni (6885 Meter) im Himalaya.

1966 überschritt Monica Jackson im Alleingang den Piz Palü (3905 Meter).

Felicitas von Reznicek gründete 1968 die alpinistische Frauenvereinigung Rendez-Vous Haute Montagne in der Schweiz, deren erste Präsidentin sie wurde, gefolgt von Silvia Metzeltin und Verena Jäggin.

1968 kam zum Klettertreffen in Zermatt Wanda Rutkiewicz mit Halina Krüger-Syrokomska und erregte als »beste Bergsteigerin der Welt« einiges Aufsehen.

1969 stiegen Loulou Boulaz und Yvette Vaucher als erste Frauenseilschaft auf den Piz Badile (3308 Meter).

1970 Arlene Blum ging mit einer Frauengruppe auf den Mount McKinley, den höchsten Berg Nordamerikas, 6187 Meter, der in der Inuitsprache Denali genannt wird.

1971 führte Wanda Rutkiewicz die Dänin Siri Melchior durch die Triglav-Nordwand.

1971 erreichte die Schweizerin Ruth Steinmann den 7038 Meter hohen Koh-e-Urgunt in Afghanistan.

1972 ging Ruth Steinmann auf den 7511 Meter hohen Noshaq in Afghanistan.

1973 schaffte ein Frauenteam unter der Leitung von Wanda Rutkiewicz die zweite Begehung des Eiger-Nordwand-Pfeilers nach Reinhold Messner und Peter Habeler.

1974 erreichte eine japanische Frauenexpedition den Gipfel des Manaslu (8163 Meter).

Mitte der siebziger Jahre brach eine Frauenexpedition mit acht Teilnehmerinnen zum Pik Lenin (7134 Meter) auf. Die Frauen gerieten in einen Schneesturm und beschlossen, zusammenzubleiben und einander beizustehen. Alle acht kamen um.

1975 leitete Wanda Rutkiewicz ihre erste Frauenexpedition im Himalaya zum Gasherbrum III, 7952 Meter. Eine polnische Expeditionsgruppe von sieben Männern begleitete die Frauengruppe. Wanda Rutkiewicz und Alison Chadwick-Onyszkiewicz erreichten den Gipfel.

1975 Catherine Destivelle durchstieg allein die Westwand des Dru (900 Meter).

1975 stieg Junko Tabei aus Japan als erste Frau auf den Everest (8848 Meter), ihr folgte die Tibeterin Phantog.

1977 war Gaby Hupfauer die erste Deutsche auf dem Mount McKinley.

1978 organisierte die Amerikanerin Arlene Blum die erste Frauenexpedition auf die Annapurna (8091 Meter). Alison Chadwick-Onyszkiewicz und Vera Watson stürzten ab und starben.

1978 stieg Wanda Rutkiewicz auf den Everestgipfel.

1979 wurde Lin Rutland, Tochter einer schottischen Arbeiterfamilie, als Mitglied der britischen Annapurnaexpedition die vorerst »höchste« Britin, obwohl sie den Gipfel nicht erreichte. Über Alleingänge im Eis erzählte sie in ihrem Haus nahe dem Lake Windermere: »Wenn du dich allein sichern mußt, bindest du das Seil um den Eispickel und rammst ihn fest ins Eis, das andere Ende bindest du dir um den Körper. Wenn du eine Gletscherspalte überqueren mußt, suchst du dir eine Schneebrücke und betest, daß sie hält. Das muß reichen.«

1979 war Gaby Hupfauer die erste Deutsche auf dem Putha Hiunchuli in Nepal, 7250 Meter.

1979 ging Ruth Steinmann bis auf 8250 Meter zum Lhotse in Nepal und hält damit bis heute den Höhenrekord der Schweizerinnen.

1980 ging eine amerikanische Frauenexpedition, an der auch die Schweizerin Heidi Lüdi als Expeditionsärztin teilnahm, zum Dhaulagiri und mußte wegen schlechten Wetters umkehren.

1982 führte Wanda Rutkiewicz eine Frauenexpedition zum K2, dem zweithöchsten Berg der Erde, 8616 Meter hoch. Reinhold Messner, der von Wanda begeistert war und prophezeite, daß wohl in den nächsten zehn Jahren eine Frau alle vierzehn Achttausender schaffen würde, half ihr mit Sponsoren. Die Teilnehmerinnen waren: Alicija Czerwinska, Halina Krüger-Syrokomska, Aniela Lukaszewska, Jolanta Maciuch, Anna Okopinska, Krystyna Palmowska, Ewa Pankiewicz, Danuta Wach, Marianna Stolarek und Christine de Colombel. Halina Krüger-Syrokomska starb. Die beiden anderen Expeditionen aus Österreich und Polen halfen, die Tote zu bergen. Wegen schlechter Wetterbedingungen brachen die Frauen die Expedition ab.

1982 Lutgaarde Vivijs aus Belgien erreichte den Gipfel des Dhaulagiri (8167 Meter) und die Französin Marie-José Valencot den Gasherbrum I, auch Hidden Peak (8068 Meter). Im selben Jahr gingen Stacy Allison, Heidi Lüdi und Susan Havens zur Ama Dablam (6865 Meter).

1983 schafften die Polinnen Anna Czerwinska und Krystyna Palmowska den Gipfel des Broad Peak (8047 Meter) in einer Frauenseilschaft.

1984 Dina Sterbova aus der Tschechoslowakei und Vera Komarkova aus den USA stiegen auf den Cho Oyu (8201

Meter), und im selben Jahr schaffte Liliane Barrard aus Frankreich den Nanga Parbat (8125 Meter).

1984 ging Wanda Rutkiewicz mit Dobroslawa Wolf, genannt Mrowka, die Ameise, weil sie so klein war, Krystyna Palmowska und Anna Czerwinska zum K2. Die Expedition scheiterte am Orkan, wie so viele Expeditionen vor und nach ihnen. Maurice Herzog drehte einen Film über Frauenexpeditionen im Himalaya.

1985 war Julie Tullis die erste Britin, die mit einer britischen Expedition zum Everest ging, allerdings nicht bis zum Gipfel.

1985 führte Wanda Rutkiewicz eine Frauenexpedition ohne Sauerstoff erfolgreich auf den Nanga Parbat.

1986 erreichte Gaby Hupfauer als erste Deutsche den Gipfel des Broad Peak in Nepal, im selben Jahr ging auch die Slowenin Marija Stremfeli mit ihrem Mann auf den Broad Peak.

1986 erreichte Wanda Rutkiewicz den K2, auf dem im selben Jahr Liliane Barrard, Julie Tullis und Dobroslawa Wolf »Mrowka«, starben.

1987 ging Gaby Hupfauer als erste Deutsche auf den Gasherbrum II, 8035 Meter.

1988 ging Gaby Hupfauer zum Makalu. Sie mußte umkehren, weil das Wetter zu schlecht war.

1988 erreichte die Amerikanerin Stacy Allison den Everestgipfel, nach ihr gingen Diana Dailey und Peggy Luce zum Gipfel. Luce schafft es, Dailey kehrte um. Im Basislager unterstützten Liz Nichol, Evelyn Lees, Mimi Stone und Melly Reuling die Frauen, die aufstiegen.

1989 stieg die erste britische Frauenexpedition des British Mountaineering Club zum Gasherbrum II auf. Expeditionsleiterin Brede Arkless war Mutter von acht Kindern. Über diese Expedition drehte Wanda den Film »Die Schneefrauen«. Nach dem Aufstieg zum Gasherbrum gingen Wanda und Rhona Lampard auf den Broad Peak. Gertrude Reinisch und Wandas Managerin Marion Feick halfen dort mit, die Leiche der bei der ersten Broad-Peak-Expedition verstorbenen Barbara Kozlowska zu bergen und zu begraben.

1990 ging ein internationales Team unter der Leitung von Makoto Hara zum Makalu. Wanda mußte vor dem Gipfel wegen einer Lawine umkehren. Im selben Jahr nahmen Wanda Rutkiewicz und Ewa Pankiewicz an einer polnischen Expedition zum Gasherbrum I teil und erreichten in einer Frauenseilschaft zu zweit den Gipfel. Gertie Reinisch stellt den Begriff der »Frauenexpedition« in Frage, weil die Expeditionslogistik von Männern durchgeführt wurde. Sie schreibt in ihrem Buch »Karawane der Träume«: »Als ob die erfundenen Titel ›Frauenexpedition‹ und ›Damenbesteigung‹ nicht lächerlich genug wären! Hat sich je eine Männerexpedition als solche bezeichnet? Werten wir Frauen nicht die Wichtigkeit der Männer bei unseren Unternehmungen auf, wenn wir ausdrücklich behaupten, etwas auch ohne die Hilfe von Männern zu schaffen?«

1990 nahmen Gaby Hupfauer und Gerhild Kurze an einer Cho-Oyu-Expedition teil und erreichten beide den Gipfel.

1991 starb Wanda Rutkiewicz am Kangchendzönga. »Ich habe die Bergsteigerei mit Frauen fast immer genossen. Man hat viel Spaß dabei. Es geht übermütiger zu. Frauen sind Verbündete«, sagte sie zu Gertrude Reinisch, als sie diese, vor ihrem Tod, zu einer Manaslu-Expedition überreden wollte.

1991 stand Ottilie (Otti) Dörrich mit Mitgliedern des DAV Summit Clubs und dem Expeditionsleiter Günther Härter auf der 8046 Meter hohen Shisha Pangma. Mit fünfundfünfzig Jahren war sie damals die älteste Frau, die je auf einem Achttausender stand.

1994 starben die russische Bergsteigerin Yekaterina Ivanova und die bulgarische Bergsteigerin Yordanka Dimitrova bei einer Expedition zum Kangchendzönga durch eine Lawine.

1994 ging die Schweizerin Claudia Müller mit einem Schweizer Team auf den Baruntse (7168 Meter) im Himalaya. Im selben Jahr nahm die Österreicherin Gertrud Hörschläger an einer österreichischen Postmonsun-Expedition zum Baruntse teil. Ein amerikanisches Frauenteam mit Georgie Powers, Lynne Wolfe, Christine Lichtenfels, Aileen Brew und Sue Miller schaffte es bis 6800 Meter Höhe. Powers hatte ihre Expeditionskosten mit einem Stipendium der Alison-Chadwick-Onyszkiewicz-Stiftung bezahlt.

1994 machten drei Frauen des Deutschen Alpenvereins in einer Expedition einen Gipfelversuch zum Khatang. Marion Emmert gelangte auf 6350 Meter Höhe.

Im gleichen Jahr kletterte Laura Junrez als erste Frau auf den 6446 Meter hohen Pissis in Argentinien.

Ebenfalls *1994* stieg Julie-Ann Clyma mit ihrem Partner Roger Payne über die Südseite auf den Gipfel der Nanda Devi (7434 Meter). Sie nannte diese Besteigung ihre »Reise zur Göttin« und war die erste Frau, die auf dem Gipfel stand. Payne und Clyma unternahmen die ganze Besteigung im alpinen Stil, d. h. ohne Hilfe von Trägern.

1994 organisierte Gertrude Reinisch die Wanda-Rutkiewicz-Gedächtnis-Expedition zur Shisha Pangma.

1995 ging Alison Hargreaves ohne Träger und ohne Sauerstoff zum Everestgipfel und beschloß nach ihrem Erfolg ein halbes Jahr später zum K2 aufzusteigen, wo sie von einem orkanartigen Sturm zusammen mit fünf anderen Bergsteigern vom Berg gefegt wurde.

1995 gab es einen »all-women-attempt« der US-Alpine-Climbing-Group zum Trango Nameless Tower (6257 Meter) in Pakistan. Celia Bull, Donna Claridge, Kate Phillips und »Grandma« Geraldine Westrupp hatten kein Glück. Eis- und Steinschlag behinderten sie, die Zeit lief aus, sie kehrten um. Celia wartete auf die Träger, die erst nach einer Woche kamen. Die Expedition überzog somit ihr erlaubtes Zeitlimit, und alle wurden für vier Jahre für Expeditionen gesperrt.

1995 gelang einem Schweizer Team mit den beiden Frauen Carole Milz und Doris Lüscher die Erstbegehung auf den Lobuche Kang II (6145 Meter).

Ebenfalls *1995* erreicht Marija Stremfeli den Gipfel des Cho Oyu.

1996 ging die Kletterin Louise Thomas mit einer amerikanischen Gruppe auf den »Umwelten« und den Ulamertorssuaq (1500 Meter) in Grönland.

Im Mai *1996* stieg die Norwegerin Siren Greve mit den Tirolern Stefan und Erich Gatt auf den Cho Oyu. Auf 7600 Meter trafen sie auf einen schwerverletzten Österreicher und entschlossen sich, ihn unter größten Strapazen ins Tal zu bringen und auf den Gipfel vorerst zu verzichten. Sie retteten damit sein Leben und erreichten trotzdem den Gipfel des Cho Oyu am 27. Mai.

Ebenfalls *1996* ging die erste Frau, Chantal Mauduit, auf den Lhotse (8501 Meter), nachdem sie mit ihrer Expedition vorher den Gipfel der Pumori (7145 Meter) geschafft hatte.

1996 machte die Indonesierin Clara Sumarwati ihren zweiten Gipfelversuch am Everest von der tibetischen Nordseite aus und war erfolgreich.

1996 überlebten drei Frauen eine Nacht bei vierzig Grad minus und einem Sturm, der mit zweihundert Stundenkilometern über das etwa achttausend Meter hohe Hochplateau fegte, nachdem ihre Expeditionsführer vorher auf und unter dem Gipfel gestorben waren. Die vierte Frau, Yasuko Namba, mit siebenundvierzig Jahren die bisher älteste Frau auf dem Everestgipfel, überlebte die Nacht nicht.

1997 ging die Kletterin Lindsay Griffin mit einem amerikanischen Team auf die Jallawaya Range und die Cordillera Real (6462 Meter) in Bolivien.

1997 stieg ein amerikanisches Team mit zwei Frauen auf die Ak-Su in Krigisistan.

1998 standen Tamara Schlömmer und Gerhild Kurze mit einer Summit-Club-Expedition auf der 6856 Meter hohen Ama Dablam.

Im Sommer *1998* führte das British Mountaineering Council in Wales zum ersten Mal weltweit ein Symposium für Bergsteigerinnen durch. Aus sechsundzwanzig Ländern kamen achtzig Frauen im Alter von fünfzehn bis sechzig Jahren, Amateurbergsteigerinnen, Profis, Kletterinnen, klassische Bergsteigerinnen, Freeclimberinnen. Die meisten Frauen wurden durch einen Mann (Freund, Ehemann, Bruder, Vater) zum Bergsteigen animiert. Einige wenige hatten eine Frau als Vorbild. Dr. Rosemarie Cohen zitierte einen Artikel von 1838, »Die alte Jungfer wider Willen«, in dem die Bergsteigerin als »Krampfhenne, die keinen abgekriegt hat«, dargestellt wurde. Während für Männer Bergsteigen eine natürliche Sache zu sein scheint, müssen Frauen rechtfertigen, warum sie in die Berge gehen, und werden oft als frustrierte, frigide, unausgefüllte Frauen bezeichnet. Die französische Bergführerin Françoise Aubert erzählte, daß ihre Erstbegehung einer neuen Eisroute zur Pointe Hélène nicht von ihrem Verband anerkannt wurde. Von Krampfhennen war auf dem Symposium aber keine Spur zu sehen – die Frauen amüsierten sich bestens.

Daß Frauen auf hohe Berge steigen, ist zwar heute durchaus üblich. Viele scheuen aber nach wie vor die »Todeszone« über achttausend Meter, aus gutem Grund, wie mir scheint. Nur wenige Frauen sind vom Ehrgeiz, von der Lust über ihre Grenzen zu gehen, von der Sucht nach Selbstbestätigung oder dem Hunger nach öffentlicher Anerkennung so durchdrungen, daß sie dafür unbedingt ihr Leben wagen wollen. »Mein Antrieb, auf einen Berg zu steigen, ist nicht Todessehnsucht, sondern die Sehnsucht nach Lebendigkeit«, sagt die Schweizerin Christine Kopp, Redakteurin bei der »Neuen Zürcher Zeitung« und begeisterte Bergsteigerin. Bei Frauen ist vielleicht auch der »Leistungsfetischismus«, den Jürg Marmet, der Schweizer Everestbegeher, bei Bergsteigern beklagt, nicht so ausgeprägt. Christine Kopp sagt etwas, das wohl für viele Bergsteigerinnen gilt: »Ich will nicht unbedingt auf schwierige Berge gehen, auch ein kleiner Berg bringt mir dieses wunschlose Glück, den Ausbruch aus dem Alltag und der Hektik. Ich liebe das einfache Leben in den Bergen.« Sehnsucht beschreibt sie auch als eine Art Sucht. Sie liebt am Bergsteigen die »volle Konzentration, die Harmonie von Geist und Körper – das beflügelt«.

Mythische Frauen im unteren Himmel

»Die Graue vom Berg, die auf den felsigen Halden oben behaust war, blieb in der Vorstellung der Leute die nachtwandernde Mondfrau, unter deren Schritten der Fels wieder zu einem ursprünglichen Schlamm des Wachstums erweichte. Ihr Weg war von Felsschalen gesäumt. Mulden, die von Gletscherzungen ausgeschliffen waren, galten für Spursteine ihres glühenden Fußes, in denen sich nachts der Tau sammelte. Wo sie auch ging, sprossen Pflanzen empor, wie aus der Spur Aphrodites.« Diese Beschreibung Gertraud Steiners aus ihrem Buch »Die Frau im Berg« führt uns in die mythische Urzeit, als Berge sich aus dem Meer erhoben.

Atlantis ist nicht versunken, wissen die Tibeter, Atlantis erhob sich aus dem Meer, das zurückwich und zum Dach der Welt wurde. Hier existiert für jene, die sehen, die fühlen können, das mythische Shangri-La, das Paradies, geschützt durch hohe Berge, in dem die Menschen die Erfüllung ihrer Sehnsüchte finden.

»Je tiefer ein Mensch in sich hineinschaute, desto stärker wurde ihm bewußt, daß diese Gesetze dieselben sind, die auch den Rhythmus der Berge, die ewigen Lieder der Bäche und Wasserfälle, die Gewalt der Schneestürme

und die stille Schönheit von Schnee und Wolken hervorbringen. Und diese Entdeckung war es, die dem Menschen die Stärke gab, die zweifache Herausforderung der Natur anzunehmen und den Himalaya zu einem Wohnsitz von Heiligen und Weisen zu machen, einem Zufluchtsort für diejenigen, die Wahrheit und Schönheit, körperliche und geistige Gesundheit suchten«, schreibt Lama Anagarika Govinda. Und je mehr sich die Menschen von der Natur entfernten oder versuchten, sie zu bezwingen oder gar zu brechen, um so verhängnisvoller entwickelte sich der Austausch zwischen Menschen und Bergen. Wer auf die Sprache der Natur nicht hören kann oder will, wird natürlich niemals geistige oder körperliche Gesundheit finden, eher schon den Tod.
In die Berge zogen sich die Urvölker Europas zurück, Spuren finden wir überall, im Drachenloch bei Bad Ragaz oder in den Steindenkmälern des Valsertales in der Schweiz, im Höllengebirge, im Steinernen Meer, im Val Camonica oder in den Bergen des Salzburger Landes bei Hallein.
Den Menschen des Alpenlandes sind die Berge Wohnort der alten Göttinnen. Die Percht und die Saligen Frauen leben im Untersberg bei Salzburg. Wer ein reines Herz hat, kann ihnen begegnen und beschenkt werden. Wer sie verspottet, wird bestraft, stürzt ab oder fällt in einen Graben. Von der Percht heißt es im Salzburger Land, daß sie einmal einen kleinen Jungen raubte. Er blieb verschwunden, und die Leute waren überzeugt, daß er im Gebirge gestorben war. Aber nach einem Jahr und einem Tag (nach Jahr und Tag) tauchte er wieder auf,

wohlbehalten und gesund. Die Percht und die wilden Frauen hatten ihn gut behandelt, gelehrt und ihm zum Abschied einen Apfel mit auf den Weg gegeben, der ihn sehend machte. Manche sterben, wenn sie den wilden Bergfrauen begegnen, manche hinken ein Leben lang. Denn das Hinken ist ein Zeichen für den Kontakt mit den Unsterblichen. Manchmal verbinden sich die wilden Frauen mit sterblichen Männern, doch im Gegensatz zu irdischen Frauen lassen sie sich nicht schlecht behandeln, da verschwinden sie auf Nimmerwiedersehen, und mit dem Wohlstand ist dann auch Schluß. Sennerinnen wissen um die Anwesenheit von »Nachsennen«, von denen, die im Winter ihre Sennhütten bewohnen, Kasermanndl und Kaserweibl. Die Sennerinnen stellen ihnen, bevor sie die Hütte verlassen, Käse und Brot hin, damit auch im nächsten Jahr alles gutgeht auf der Alm. Wer das nicht tut oder sich zu nah an die mythischen Sennerinnen heranwagt, kann mit einem Hexenschuß oder mit Ruß im Gesicht rechnen.

»Als die wilde Göttin wohnte sie, die Ursprüngliche, unter den zu Hügeln aufgeschichteten Steinhaufen«, schreibt Gertraud Steiner, »oder erschien auf den weiten, verödeten Geröllhalden, die der Steinerne Tanzplatz, die Schlaberstatt oder der Wilde Friedhof hießen, wo der Sage nach frevelnde Tänzerinnen auch sonntags ihre Reigen und Feyerltänze abgehalten haben ... Mit Einbruch der kalten Jahreszeit zog sie als Wintersennin in die Almen ein, um ihre schwarzen Tiere dort zu weiden. Hirten, die sich noch im Spätherbst in der Gegend aufhielten, vertrieb sie mit obszönen Redensarten. Wenn sie einer trotzdem um eine Schüssel Milch bat, konnte es geschehen, daß sie ihm einen Topf voll blutigem Schleim vor die Tür brachte.«

Gefürchtet sind auch die Ganggerl, die wilden Koboldinnen, gegen die auch »Geweihtes« nichts hilft, denn sie sind schön und schrecklich zugleich, sie lassen vorwitzige Männer zu Stein erstarren.

In der Schweiz lebt Nuona Fluor, die Blumengroßmutter, in den Bergen des Bündnerlandes. Sie ist eine alte Vegetationsgöttin, die alles blühen und gedeihen läßt. Auch Ritu wird hier verehrt, eine vom Ursprung her hethitisch-sumerische Göttin, und vielleicht wurde für sie das Ritual erfunden, die Mutter aller Feste, die Verbindung zwischen dem Göttlichen und den Menschen.

Buddhisten sehen in den Bergen die »unteren Himmel«. Der Berg ist Symbol für das »Stille halten«. Im alten taoistischen Orakelbuch »I Ging« geht es bei diesem Zeichen (Nr. 52) um die Ruhe des Herzens. Das Herz ist schwer zur Ruhe zu bringen. »Wenn nun der Mensch innerlich ruhig geworden ist, dann mag er sich der Außenwelt zuwenden. Er sieht in ihr nicht mehr den Kampf und das Gewühl der Einzelwesen und hat deshalb die wahre Ruhe, wie sie nötig ist, um die großen Gesetze des Weltgeschehens zu verstehen und dementsprechend zu handeln. Wer aus dieser Tiefenlage heraus handelt, macht keinen Fehler.« Die ergänzende Kraft ist die Bewegung, und die Kunst ist, einen Ausgleich zwischen Ruhe und Bewegung zu schaffen – die Kunst des Bergsteigens!

Berge sind in fast allen Kulturen Wohnort der Göttinnen und Götter, ja sie sind selbst Gottheiten. Die Himalayaberge sind zumeist Göttinnen, es verbietet sich, sie zu besteigen. Nanda Devi, zum Beispiel, die große Mutter, oder Chomolungma, die Mutter des Universums, Annapurna, die nährende, heilende Göttin, Cho Oyu, Göttin des Türkis, Pumori, die junge Göttin, Shisha Pangma, die wilde, unberechenbare Göttin, Ama Dablam, Göttin des Schatzkästleins.

Aber Berge sind auch Wohnorte unserer Ahninnen und Ahnen. Der Untersberg bei Salzburg, der Garet-El-Dschennoun in Algerien, der Kailash in Tibet, die Black Mesa im Hopigebiet Nordamerikas oder der Cucchama, der »erhabene Ort« der Yuma in Südamerika, der Kunlun in China, der Fudschijama in Japan – sie alle fordern unseren Respekt, unsere Achtung vor der Natur, vor denen, die vor uns da waren, vor allem, was wir nicht wissen, nicht erobern, nicht bekämpfen können. Wer ohne diesen Respekt auf Berge steigt, begibt sich in eine große Gefahr. Wir verirren uns zuerst im Kopf, wir verlieren die Orientierung, das Maß, die heitere Gelassenheit. Dann öffnen wir die Tore für alle Geister, die uns reiten wollen. Wir können Gefahren nicht mehr einschätzen, verlieren das Gefühl für uns selbst. Wer im Einklang mit sich und der Natur ist, achtet die Steine, die Felsen, die Pflanzen und die Tiere der Berge und erfährt mehr Glück als in den Tälern. Der Berg ist die Verbindung zwischen Himmel und Erde, unsere Möglichkeit, dem Himmel näher zu kommen und Vorbild für Tempel und Gompas. Hinduistische Tempel und buddhistische Stupas sind zum Beispiel dem Berg Kailash nachempfunden.

Von deinen Ängsten hast du dich befreit
du lebtest in den Bergen
groß war deine Sehnsucht nach einer
einsamen Hütte
du wolltest dem wolkenverhangenen Gipfel
nahe sein
wenige Menschen hast du gesehen
Kräuter aus dem Bergbach hast du gegessen
die Vögel der Wälder schauten in deine Bücher
wie konntest du dieses Vergnügen abwerfen
und zurück ins Getriebe der Welt gehen

Li Bo

Einsiedlerinnen und Einsiedler haben sich zu allen Zeiten in die Berge zurückgezogen, denn hier, in der Überwindung der Angst vor der Einsamkeit, ganz den Elementen ausgesetzt, öffnet sich das ureigene Universum und schafft Raum für das Einssein mit dem All, das köstliche Allein-Sein, All-Eins-Sein. Im Himalaya verehren die Menschen Bergpässe, Felsen, Gipfel und schmücken sie mit Steinhaufen (auch im Alpenraum gibt es sie als »Steinmanndl«), mit bunten Gebetsfahnen, mit »Windpferden«, bedruckten Segenssprüchen, die vom Wind in die ganze Welt getragen werden.

»Weil Berge hoch und mächtig sind, ist es möglich, dort auf den Wolken zu reiten. Im Gebirge ist das Unwahrscheinliche, auf Wind und Wolken zu schweben, erreichbar«, sagt der japanische Dichter Sansui-Kyo. »Die Berge gehören den Menschen, die sie lieben. Wenn nun ein Berg so eine weise Person liebt, wird diese Teil des Berges ... Du solltest wissen, daß Berge weise Menschen lieben.«

Heilige Berge werden nicht bestiegen, sondern umrundet, das gilt für den Weltenberg Kailash, den »Mittelpunkt der Erde«, ebenso wie für den Garet-El-Dschennoun in der Sahara. Auf einen Berg zu steigen, den Gottheiten aufs Haupt zu steigen, gilt als große Respektlosigkeit, wozu auch, wenn man sich in ihren Armen wiegen lassen kann, wo noch genug Sauerstoff, Wasser und Nahrung vorhanden ist, wo noch Raum ist für wahre Verzückung und vollkommene Glückseligkeit. Der Berg Kailash wird von zwei Berggöttinnen, der Rabenköpfigen und der Löwenköpfigen, bewacht. Der Pfad führt zwischen den beiden Bergen hindurch. Hier werden die Pilgernden auf Herz und Gemüt geprüft. Fünf Berggöttinnen bewachen auch den Himalaya, der Kangchendzönga gilt vielen Tibetern als Wohnort der fünf Göttinnen, als Sitz der »fünf Juwelen«. Diese fünf Schutzgöttinen sind:

Tseringma, die Schutzgöttin des langen Lebens. Ihre Haare steigen wie schwarze Schlangen an ihrem Kopf auf, sie trägt einen Rubin und sitzt auf einem Schneeleoparden.

Thinggi Shelsangma, die Göttin mit dem freundlichen Gesicht, ist hellblau und reitet auf einem Kiang, einem Wildesel.

Miyo Losangma ist gelb und hält eine Schüssel mit Speisen, von der sie austeilt. Sie reitet auf einem Tiger.

Chöpen Drinsangma, die rote Göttin, reitet auf einer Hirschkuh, und ihr Haar besteht aus Korallen.

Tekar Drosangma, die Türkisgöttin, trägt eine Ähre und eine Schlange und reitet auf einem türkisfarbenen Drachen.
Diese fünf Göttinnen beschützen Menschen, die in Höhlen meditieren, und es gilt als großes Glück, einer dieser Schwestern zu begegnen.
Deviranalu ist die furchterregende, menschenfressende Dämonin im Annapurnagebiet. Obwohl sie die dort lebenden Menschen beschützt, kann sie doch sehr gefährlich werden. Sie führt Bergsteiger gern in die Irre. Der Ausweg ist nicht die Vernunft oder kämpferischer Geist, sondern Hingabe und Heiterkeit.
Und die furchterregenden Dämoninnen, die uns heute als Schreckgespenster alpiner Alpträume präsentiert werden, waren vielleicht auch einmal Muttergöttinnen, Urgöttinnen, die Dialen, die Fänggen, die Truden. Am Thiersee bei Kufstein lebte die keltische Jagdgöttin, die im Volksmund Tierherrin genannt wird. Thier – das ist das keltische Wort für Hirschkuh, und die Tiermutter sorgte für sie und die anderen Tiere der Berge. Vielleicht erschien einem Mönch im 15. Jahrhundert deshalb das Gebirge als Höllenpfuhl, als grausiger Urwald.
Auch die Göttinnen der Dolomiten haben es in sich. Tanna, die Königin der Steine und Felsen, tritt Lawinen los und sorgt dafür, daß die Menschen auf den Bergen nicht überhandnehmen.
Donna Kenina lockt junge Männer in ihr Reich, wo sie niemals alt werden, aber auch niemals mehr den Rückweg in ihre Heimat finden. Sie leben im Sommer und schlafen im Winter einen todesähnlichen Schlaf. Sie

vergessen, woher sie kamen, und wenn sie einmal wieder zu Tal gehen sollten, gibt es die Dörfer nicht mehr, die sie kannten. Berggöttinnen lösen die Zeit auf, spielen mit der Zeit und der Zeitlosigkeit.

Manchen Berggöttinnen wurde übel mitgespielt. Tsari, Kristallberg in Tibet und zugleich auch die Göttin des Kristalls, wurde in Urzeiten angeblich von einem Sadhu, einem heiligen Zauberkünstler, niedergerungen und besiegt. Seither ist es Frauen verboten, den Kristallberg Tsari zu besteigen, weil sie damit die Berggöttin wieder freisetzen könnten.

Auch Schätze sind in den Bergen zu finden. Wir kennen die Beschreibungen: Du klopfst an ein Felsentor, zur richtigen Zeit, versteht sich, dann öffnet sich der Berg und gibt Schätze frei, von denen wir nicht zu träumen wagten. Die »Venediger«, sagenhafte Männlein, beschenkten oft Sennerinnen, die sie freundlich bewirteten, mit kostbaren Steinen. Was einer Sennerin zuerst vielleicht als schmutziger Stein vorkam, entpuppte sich zu Hause als Goldklumpen oder Edelstein. Die Venediger spotteten über die Bergbauern: »Der Stein, den du nach der Kuh wirfst, ist mehr wert als alle Kühe zusammen.« Sie kannten die geheimen Orte, wo Gold, Silber, Smaragde oder wertvolle Kristalle zu finden waren.

Eine besonders geheimnisvolle Sache ist der »Bergschlaf«, die Entrückung oder auch Entführung durch die »Unterirdischen«, durch die Göttinnen und Geister der Berge. Im Schlaf sausen wir durch außerirdische Sphären, betreten Räume, die Lebende nie betreten, hören Musik, die nur von Berggeistern gespielt werden kann. Manche kehren von so einem Schlaf nie zurück, aber die Visionen, die viele Höhenbergsteiger hatten, rücken in die Nähe dieses Bergschlafs. Tote kehren wieder und warnen uns, Geister locken uns in grauenvolle Tiefen, drängen uns, in den Abgrund zu gehen oder Erholung im tödlichen Schlaf zu suchen.

Der mythische »Haselwurm« lebte im Alpenraum. Paracelsus machte seine Erfahrungen mit ihm. Durch den Haselwurm und die weisen Frauen wurde er zum Heiler. Der Haselwurm ist eine Art Schlange, nur im Gebirge kann man ihn sehen. Heutzutage zeigt er sich kaum noch einer Menschenseele – schlechte Erfahrungen: Paracelsus zerstückelte und aß ihn, um Zauberkräfte zu erlangen.

Alle Orte in den Bergen, die »Höllen«, »Teufel« oder »Tanzplatz« in ihrem Namen tragen, weisen auf alte Kultplätze unserer Ahninnen hin, die später als Hexen denunziert und vernichtet wurden. »Hölle« ist abgeleitet von der nordischen »Hel«, der Unterweltsgöttin, die den Übergang vom Leben zum Tod hütet. »Percht« leitet sich vom keltischen »peraht«, licht, hell, ab. »Versunkene« oder »übergossene«, also untergegangene Almen und Dörfer waren oft Wohnorte frühgeschichtlicher Stämme, die vertrieben wurden oder sich noch weiter in die Wildnis zurückzogen.

Eine der schönsten Geschichten von einer Frau, die von einer Göttin schwanger wird, kommt aus Spanien. Dort lebte in einer Höhle »auf dem höchsten Berg« die Erdgöttin. Aus ihrer Höhle floß reinstes Quellwasser, und wer hineinging, mußte ein Gefäß mit Honig und Wachswaben mitbringen, denn diese Erdmutter wurde von Bienen beschützt. Ein Mann, dessen Frau keine Kinder bekommen konnte, machte sich auf den Weg zur Göttin. Er schenkte den Bienen Honig und Wachs und bekam von der Göttin einen Apfel und eine Birne. Als die Frau die Birne aß, bekam sie eine Tochter, als sie den Apfel aß, einen Jungen.

In Afrika, beispielsweise am Ruwenzori oder am Kilimandscharo, werden den Berggeistern, Göttern und Göttinnen kleine Schreine mit Opfergaben dargeboten, um sie zu erfreuen und zu besänftigen. Schreine stellen auch die Shintoisten in Japan am Fudschijama auf, um ihre Göttin Amaterasu, die Sonnengöttin, zu ehren. Reste eines ähnlichen Tempels habe ich auf dem Schwarzhorn in Südtirol gefunden. Auf den Bergen feierten die Menschen der Frühzeit ihre Göttinnen und Götter, entzündeten Feuer zu Ehren der Sonnengöttin Arinna in Anatolien oder der Percht in Bayern, der Berta in der Schweiz und den Wildfrauen in den Dolomiten und am Schlern in Südtirol. Die Göttin Pele auf Hawaii schürt sich ihr Feuer selbst in den lebendigen Vulkanen, sie spuckt Feuer. Die Glasfäden, die dabei entstehen, gelten als Haare der Pele. Die Menschen werfen ihr Kämme in den Vulkanschlund, um sie für sich einzunehmen.

Im Steinernen Meer bei Berchtesgaden wurde immer wieder eine »wilde Jägerin« gesehen. Sie ließ Unwetter aufziehen, und sollte ihr ein Bergsteiger oder Hirte begegnen, verwirrte sie seinen Sinn, er glaubte, vorwärts zu gehen, und kam doch nicht vom Fleck. Diese wilde Frau, die von den einen Holla, von den anderen Frau

Percht genannt wird, läßt sich nicht mit frommen Sprüchen besänftigen. Nur wer beherzt ist, sie freundlich grüßt und ihr vielleicht etwas von der eigenen Wegzehrung abgibt, hat eine Chance, unverletzt vom Berg wieder ins Tal zu kommen.

Die Berge sind uns nicht nur Ort geheimnisvoller Sagen und Erinnerungen, sie sind auch als beinahe letzter Lebensraum für Pflanzen und Tiere, als Ort der Regeneration für Menschen von unschätzbarem Wert. Aber wie gehen wir mit diesen letzten Naturressourcen um! In Tibet, in Afrika und in Nordamerika wissen die Menschen, daß die menschliche Kultur enden wird, wenn wir den Leib der Erde aufreißen und ihre Schätze ausgraben. Das Uran, das im Gebirge von Mali, Niger, Arizona, New Mexico oder Tibet zutage gefördert werden soll, zerstört das Leben der Menschen, die diese Arbeit tun müssen, aber auch der Menschen, die mit diesem Stoff in Berührung kommen. Heilige Berge stehen sehr oft auf großen Uranvorkommen und verborgenen Bodenschätzen. Wir müssen lernen, die Kraft dieser Schätze zu erfühlen, ohne die Erde dabei zu zerstören. Die weisen Menschen dieser Welt wußten das immer und wissen es noch. Sie sitzen auf der Haut der Erde, spüren ihren mächtigen Atem und ihre Kraft und laden sich mit ihrer Energie auf. In der Geschichte des größten tibetischen Mystikers Milarepa, der ein Zauberer war, ehe er zur inneren Wahrheit gelangte und Heiterkeit fand, gibt es einen Zwischenfall mit einem Bönzauberer, der Milarepa zu einem Wettklettern auf den Berg

Kailash herausforderte. Der Bönzauberer stieg auf den Berg, und als er oben ankam, sah er dort Milarepa sitzen, der seinerseits nur in der gebündelten Energie seiner Meditation hinaufgegangen war. Der Zauberer stürzte vor Schreck ab. Die Rinne, auf der er vom Berg rutschte, ist heute an der Südwand des Kailash noch zu sehen.

Wer die Devas der persischen Bergpässe ärgert, muß mit dem Schlimmsten rechnen: Drei Handwerker gerieten auf einem hohen Paß in einen Schneesturm. Zum Glück fanden sie eine verlassene Hütte, in der sogar ein Ofen und Holz vorhanden waren. Sie machten sich ein Feuer, teilten ihren Proviant und begannen, über Frauen und Devas zu reden und zu scherzen, und weil ein hoher Holzstamm in der Ecke stand, kam der Holzschnitzer auf dumme Gedanken. »Ich will uns eine Frau schnitzen«, sagte er und machte sich an die Arbeit, die ihm sehr gut von der Hand ging: Schon nach wenigen Stunden war aus dem Holz eine wunderschöne Frau geworden. Jetzt packte den Tuchweber der Ehrgeiz, und er kleidete die Frau in seine kostbarsten Tücher. Der Goldschmied wollte auch nicht zurückstehen und holte Geschmeide und Edelsteine, um die Frau zu schmükken. Kaum stand die Frau aus Holz vor den drei Männern, fing der Streit an, wem sie nun gehöre. Mitten in der heftigsten Diskussion bemerkten die Männer, daß die Tür offen stand, sie liefen hinaus und sahen, wie die eben geschnitzte Frau vor ihnen weglief. Sie rannten hinterher, fluchten und schimpften, der Schnitzer, weil er soviel Arbeit gehabt hatte, die sich aus dem Staub machte, der Weber und der Goldschmied, weil ihr kostbarster Besitz vor ihren Augen verschwand. Der Schneesturm wurde stärker, die Männer verirrten sich und starben jämmerlich in der Kälte auf dem Bergpaß. In der Hütte aber stand ein Holzstamm, kostbar geschmückt wie eine Frau. Die Deva tanzte mit den Schneeflocken und lachte.

Ich will nicht sterben! – Vier Frauen im Kampf mit Chomolungma

Im Mai 1996 kam es zu der bisher verhängnisvollsten Katastrophe in der Geschichte zwischen Menschen und Bergen. Der Andrang auf den Everest in einer einzigen Saison war so groß wie nie, das Wetter war nicht besonders gut, und als sich ein »Fenster« auftat, eine Möglichkeit, den Gipfelaufstieg zu wagen, machten sich gleich vier Expeditionen auf den Weg. Zwei davon waren »kommerzielle« Expeditionen, das heißt, die Teilnehmerinnen und Teilnehmer hatten rund siebzigtausend Dollar bezahlt, um zum Gipfel zu gelangen. Rob Hall vom neuseeländischen Team »Adventure Consultant« und Scott Fischer von »Mountain Madness« in Seattle führten die größten Gruppen. Fischer war von vorhergehenden Expeditionen geschwächt, was er aber schlecht zugeben konnte, da er ja eingewilligt hatte, seine Klienten zum Ziel zu führen. In Halls Gruppe ging Yasuko Namba mit, die als Siebenundvierzigjährige die älteste Frau auf dem Everest werden wollte. In Fischers Gruppe gab es drei Frauen: Charlotte Fox aus Aspen, Lene Gammelgaard aus Dänemark und Sandy Hill Pittman aus New York.

Das erste Buch über die dramatischen Ereignisse schrieb Jon Krakauer 1997 und landete damit auf Anhieb einen Bestseller. Sein Buch, ein Rundumschlag insbesondere gegen Sandy Hill Pittman und den kasachischen Bergführer Anatoli Boukreev, schildert, packend geschrieben, wie sich die Ereignisse entwickelten – oder wie er sie sich zusammenreimte, denn als Mitglied von Rob Halls »Adventure Consultant Team« konnte er über das »Mountain Madness Team« so viel nicht mitbekommen haben, wie er schließlich schrieb. Daß möglicherweise die Anwesenheit zweier Journalisten Auslöser für Fehlentscheidungen der Expeditionsleiter war, konnte für Krakauer kein Thema sein – einer der Journalisten war er selbst, die andere war Sandy Hill Pittman, die für NBC ein Internet-Tagebuch führte. Fischer erwähnte gegenüber Vertrauten den Druck, der für ihn entstand. Falls er Pittman nicht auf den Gipfel brachte, würde das verheerende Folgen für seine Firma haben. Wer kann sich negative Berichte leisten, wenn er gerade dabei ist, ein Geschäft aufzubauen, das finanziell ohnehin nicht viel abwirft? Wenn Rob Hall den Druck spürte, so hat er jedenfalls kein Wort darüber verloren. Und doch war gerade der ehrgeizige Krakauer in seinem Team ein wunder Punkt. Obwohl er zuvor noch nie auf einem Achttausender war, tritt er in seinem Buch als Experte für alle Probleme und Fragen auf, die das Höhenbergsteigen und die Entscheidungen am Everest insbesondere betreffen.
Sein Buch erweckt den Eindruck, daß die Mitglieder der beiden Expeditionen nicht geeignet waren, auf einen Achttausender zu steigen, die Bergführer schienen un-

fähig und orientierungslos und – in Anatoli Boukreevs Fall – egoistisch und unwillig, eine Gruppe zu führen oder für sie verantwortlich zu sein. Yasuko Namba kam als ehrgeizige Geschäftsfrau rüber, die um jeden Preis ein höchst riskantes Unternehmen wagte, nur um die älteste Frau auf dem Everest zu werden, mit Charlotte Fox und Lene Gammelgaards alpinistischen Fähigkeiten schien es auch nicht weit her zu sein. Aus seiner Aversion gegen Sandy Hill Pittman macht er kein Geheimnis: »Pittman, Millionärin, soziale Aufsteigerin, war wieder am Everest, um ihren dritten Aufstieg zu versuchen ... 1993 hatte sie an einer geführten Expedition zum Südsattel über die Südroute teilgenommen und einen kleinen Aufruhr verursacht, weil sie im Basislager mit ihrem neunjährigen Sohn Bo auftauchte, zusammen mit einem Kindermädchen, das auf ihn aufpassen sollte.« Wir erfahren hier so nebenbei, daß Pittman offenbar schon zweimal vorher am Everest war, später flicht er noch ein, daß sie mit Hilfe von Fixseilen schon »die extrem schwierige und gefährliche Kangshung-Wand« aufgestiegen war. In einem Artikel des »New York Magazine« wurde über ihre sechs Gipfel der »Seven Summits« berichtet und auch darüber, daß sie Hubschrauberfliegen gelernt hatte. So eine schwache Alpinistin kann Pittman nicht sein, wenn sie den sehr schwierigen Mount McKinley besteigen konnte.
»Sie brachte einen riesigen Sack Gourmetleckerbissen ... Außerdem brachte sie ein tragbares Fernsehgerät und ein Videogerät, damit sie in ihrem Zelt Filme anschauen konnte. Das muß man Sandy lassen, es gibt nicht viele

Leute, die in diesem Stil auf einen Berg steigen«, berichtet Beck Weathers.

In ihrem Artikel »Die Haken sind serviert« schreibt Deborah Mitchell über die Gerüchte, die in Manhatten über Pittman kursieren, sie sei eine »schamlose soziale Aufsteigerin«, ja, sie habe die Toten dieser Horrornacht auf dem Gewissen. Mitchell schreibt, wie es der Öffentlichkeit sauer aufstößt, Pittman mit ihren Freundinnen Martha Stewart, Blaine Trump und Sharon Hoge im Basislager aus Porzellantassen Tee trinken zu sehen, Stewart »serviert Crêpes Suzette«, und Pittman sagt: »Nicht im Traum würde ich daran denken, die Stadt ohne einen Vorrat Dean & De Lucas Near East Blend und meine Espressomaschine zu verlassen.«

»Sie mag keine gute Reporterin sein«, schreibt Mitchell, »macht sie das zur Mörderin? Ok, die Sherpa bringen ihr die neuesten Ausgaben von ›Vogue‹, ›Vantiy Fair‹ und ›Allure‹ auf den Berg ... Dann hat sie halt Besuch von ihrem Liebhaber, dem sechsundzwanzig Jahre alten kalifornischen Snowboarder Stephen Koch, gehabt, das macht sie nicht zur Mörderin.« Krakauer berichtet von den Sorgen der Sherpa, daß Pittman mit ihrem Freund im Zelt schläft, was nicht verheirateten Leuten nicht erlaubt sei, weil Chomolungma heilig ist.

Wie heilig ein Berg den Sherpa heute noch sein kann, ist mir nicht ganz klar. Da bereits das Tabu gebrochen wurde, überhaupt auf einen Berg zu steigen, was für die buddhistischen Sherpa ein Sakrileg war, spielen die Ausrutscher der ExpeditionsteilnehmerInnen wohl keine Rolle mehr. Jedenfalls hat man von diesen Problemen

z. B. bei Messner nie gehört, der ja auch am Everest mit seiner Freundin Nena Holguin, ebenfalls wesentlich jünger als er, das Lager teilte.

Die drei Frauen des Teams, Sandy Hill Pittman, Lene Gammelgaard und Charlotte Fox, hielt Anatoli Boukreev, der Bergführer, für fähige Bergsteigerinnen. »Es war nicht das erste Mal, daß Sandy Pittman versuchte, auf den Everest zu steigen, das wußte ich. Ihr gesundes Aussehen auf dieser Höhe [Basislager, 5364 Meter] ließ keinen Zweifel über ihren guten Zustand. Lene Gammelgaard sah so gut aus wie in Kathmandu, und sie war bestens motiviert, die erste dänische Frau auf dem Everest zu werden. Ich war allerdings leicht alarmiert über ihren Plan, ohne Sauerstoff zu gehen, dafür hatte sie meiner Meinung nach nicht genug Erfahrung in so großen Höhen ... Charlotte Fox hatte erfolgreich die zwei Achttausender Cho Oyu und Gasherbrum II bestiegen und war auch schon auf dem Aconcagua und auf dem McKinley gewesen.«
Martin Adams, einer der Bergsteiger, sagt über Sandy und Lene: »Sie überquerten die Leitern [über die Gletscherspalten des Khumbueisfalls] sehr gut, wenn nicht besser als alle anderen. Sie hatten ein gutes Gleichgewicht und überhaupt keine Angst.« Alle schafften es in weniger als vier Stunden, was als Test für den weiteren Aufstieg galt.
Es gab Spannungen zwischen Sandy und Lene, weil Sandy »eine Angeberin war«, wie Lene Gammelgaard sagt, »die immer berühmte Namen wie Ivana Trump fallen

ließ und was sie schon alles geschrieben hat und wie toll sie ist.«

Lene dagegen sprach nach Aussage eines Teammitglieds über »ein Leben ganz auf sich gestellt und daß man niemanden anderen braucht.«

Lenes etwas »forcierte Ich-kann-alles, Ich-bin-stark«-Haltung [Boukreev] weichte auf, als sie die Schönheit des Western-Cwm-Tals sah. Lene Gammelgaard sagt: »Ich sehe mich als ziemlich zäh, mich berührt nicht so viel so tief.« Aber beim Anblick dieses Tals und des mächtigen Bergs, auf den sie steigen wollte, wandte sie sich ab und weinte.

Sandy Hill Pittman berichtete aus dem Lager I, daß die Höhe selbst den Vorgang des Schneeschmelzens zu einem interessanten Ereignis mache. Sie dankte Lene Gammelgaard für ihre Loyalität und daß sie das Zelt und ihre Köstlichkeiten mit ihr geteilt habe. Humorvoll nannte Pittman das Fertigessen aus der Tüte, mit heißem Wasser aufgebrüht, »ein exotisches, fernöstliches Nomadengericht«. »Obwohl die beiden Frauen sich eigentlich nicht leiden konnten, waren sie bereit, für ihr gemeinsames Ziel zusammenzuhalten«, sagt Anatoli Boukreev, der es beurteilen kann, denn im Gegensatz zu Krakauer verbrachte er jeden Tag mit ihnen. »Über diese Tragödie ist viel Unsinn geschrieben worden«, sagt die Himalaya-Chronistin Miss Hawley dazu, »und viele sind mit Boukreev und Pittman nicht sehr fair umgegangen.«

Die Frauen und Männer von »Mountain Madness« und »Adventure Consultant« stiegen spät zum Gipfel auf und viel zu spät ab. Das Wetter verschlechterte sich,

Wolken hüllten den Gipfel ein, Wind kam auf, und die Absteigenden verloren die Orientierung. Die vorher abgemachte Umkehrzeit von dreizehn Uhr war nicht eingehalten worden. Aber die Expeditionsführer, die für eine entsprechende Anweisung verantwortlich waren, hatten andere Probleme. Rob Hall hatte Doug Hansen versprochen, ihn auf den Gipfel zu bringen, denn es war sein zweiter Versuch, einen dritten konnte sich der Postbeamte nicht leisten. Das heißt, Hall war ausschließlich mit Hansen beschäftigt und starb schließlich auch mit ihm. Sein spektakuläres letztes Telefongespräch, das von der Weltöffentlichkeit über Internet mitverfolgt wurde, führte er mit seiner Frau Jan Arnold, die mit der Tochter Sarah schwanger war und zweimal mit Hall auf dem Cho Oyu war.

Fischer war höhenkrank und nicht mehr entscheidungsfähig, stieg zwar noch zum Gipfel, starb aber beim Abstieg wenig unterhalb des Gipfels.

Die Absteigenden gerieten in einen Wettersturz. In einem grauenvollen Sturm, der mit zweihundert Stundenkilometern bei vierzig Grad Minustemperaturen über den Südsattel fegte, kauerten sich eine ganze Nacht lang Yasuko Namba, Sandy Hill Pittman, Charlotte Fox, Beck Weathers, Tim Madsen, Lene Gammelgaard, Klev Schoening und Neil Beidleman zusammen, schlugen sich gegenseitig »im Zeitlupentempo«, so Charlotte Fox, auf die Körper, um wach zu bleiben und das Blut in Fluß zu halten, und kämpften gegen den eisigen Tod. Lene Gammelgaard gab der völlig entkräfteten Sandy Hill Pittman ihre Sauerstoffflasche ab. Charlotte Fox gab Pittman die lebensrettende Spritze mit dem Steroid Dexomethason, das die lebensbedrohlichen Höhenödemsymptome abbaut. Aber all das ist kein Grund für Jon Krakauer, auf Pittman herumzuhacken. Als er selbst nämlich fast besinnungslos im Eis saß, weil sein Sauerstoff ausgegangen war, gab ihm Mike Groom seine eigene Flasche.

Charlotte Fox: »Die Kälte war so schmerzhaft, daß ich mich einfach einrollte und dachte, das ist das Ende.« Nach Krakauers Bericht schrie Pittman »hysterisch: Ich will nicht sterben, ich will nicht sterben«. Was daran falsch sein soll, ist mir unklar, denn vermutlich ist das der gesündeste Reflex, den man in so einer Situation haben kann, und tatsächlich starb sie ja auch nicht. Das war nicht Krakauers Verdienst. Er kann ihr Schreien nicht gehört haben, denn er lag in seinem Zelt und schlief, etwa dreihundert Meter von der Stelle entfernt, wo die entkräfteten Frauen und Männer um ihr Leben kämpften. Boukreev und Beidleman retteten die Verunglückten, die zu schwach waren, allein zu gehen, zeigten denen, die noch gehen konnten, den Weg, damit sie nicht die Lhotsewand hinunterstürzten. Lene Gammelgaard konnte sich, als sie einmal die Position der Zelte wußte, allein dorthin retten. Sie sagt über die anderen Team-Mitglieder: »Die Gruppe machte ihre Sache gut, so gut es in dieser Situation überhaupt ging. Wir halfen uns gegenseitig und verhielten uns verantwortlich.« Sie handelten als Team, ohne Führung, und sie halfen einander in dem Wunsch zu überleben.

Viel wurde über diese Katastrophe geschrieben, das meiste stützte sich auf Krakauers Schilderungen, der, wie sich später herausstellte, selbst unter Halluzinationen litt und behauptete, daß der Bergführer Andy Harris ins Leere gegangen und abgestürzt sei, was sich als Irrtum herausstellte und dessen Familie viel Kummer bereitete. Ein neues Bild der dramatischen Vorgänge entstand erst, als Anatoli Boukreev sein Buch »The Climb« (Der Gipfel) herausbrachte. Die vielleicht wichtigste Erkenntnis aus Boukreevs Buch ist wohl, daß niemand auf den Everest gehen kann, der oder die nicht fit im Bergsteigen ist. Allein das mehrmalige Überqueren des Khumbu-Eisfalls, seiner Gletscherspalten und -türme, die sich unberechenbar bewegen und einstürzen, die mehrmaligen Aufstiege auf höhere Lager bis zu 7800 Meter, bevor der Gipfel angegangen wird, verlangten Kondition, Bergerfahrung und starke Motivation. Diese Qualitäten bescheinigt Boukreev ganz besonders den Frauen der beiden Teams. Sorgen machte er sich um Pete Schoening und Dale Kruse, die beide umkehrten, um Doug Hansen und vor allem um Scott Fischer. Pittman, von Krakauer zur albernen High-Society-Hyäne stilisiert, findet Boukreev fit, guter Dinge, wenn auch gelegentlich unsolidarisch. So läßt sie eine Journalistin aus Konkurrenzgründen im Basislager ihr Funkgerät mit Satellitenschüssel nicht benützen. Aber obwohl Boukreev kleine Streitereien zwischen Sandy Hill Pittman und Lene Gammelgaard mitbekommt, betont er doch, wie solidarisch und kameradschaftlich sie miteinander umgingen.

Was Krakauers Buch so problematisch macht, ist, daß

es wie eine Reportage geschrieben ist, der Autor scheint immer und überall dabeizusein, und so gewinnen seine Aussagen die Qualität von authentischen Beobachtungen. Verschwiegen wird, wie unzuverlässig die eigene Urteilsfähigkeit auf über achttausend Meter Höhe in der Todeszone ist. So erzählte mir der Schweizer Expeditionsarzt Eduard Leuthold, der in 1956 mit der Schweizer Expedition auf den Everest gestiegen war: »Ich hatte beim Aufstieg Pulsfrequenzdaten und Untersuchungseinzelheiten der Teamkameraden aufgeschrieben und so zum ersten Mal medizinische Untersuchungsergebnisse dieser Höhe gewonnen. Beim Abstieg bat mich ein Freund, ihm die Daten zu zeigen. Ich hatte sie nicht mehr. Ich hatte ein menschliches Bedürfnis verspürt und die unermeßlich wertvollen wissenschaftlichen Daten dafür verwendet.«

»Wenn's auch nicht wahr ist, so ist es doch schön erfunden«, nennt Jürg Marmet, Schweizer Everestbesteiger, die Berichte, die in der sogenannten Todeszone entstehen. Die Erfindungskraft reicht jedenfalls immer aus, um aus Männern Helden oder Bösewichte und aus Frauen unfähige Dilettantinnen zu machen.

Pittman zog es vor, zu Krakauers Diffamierungen nicht Stellung zu nehmen. »Nein, ich möchte wirklich nicht darüber sprechen«, sagte sie, »wenn es Ihnen nichts ausmacht, halte ich einfach den Mund.« Nach Veröffentlichung des Krakauer-Buchs konnte sich Pittman in New York nirgendwo mehr blicken lassen, sie wurde gesellschaftlich geächtet, ihr Sohn mußte die Schule wechseln.

Krakauers Buch und die Lawine von Veröffentlichungen, die es auslöste, kann als Beispiel dafür gelten, wie Frauen immer noch als Sündenböcke herhalten müssen, wenn es in »Männerdomänen« zu Problemen kommt. Verzweifelte Szenen spielten sich auch schon in Männerexpeditionen am K2 (1986), am Nanga Parbat (1934, neun Expeditionsmitglieder starben im Schneesturm), am Kangchendzönga ab – niemand kam auf die Idee, das auf das Bier im Basislager, die Pornohefte, die Plastikpuppen (Reinhard Karl hatte laut Teamgefährten eine Sexpuppe am Everest dabei) oder die Lebensgewohnheiten der Bergsteiger zu schieben. Reinhold Messner sagt: »Wer auf einen Achttausender steigt, geht ein Risiko ein. Er muß sich den Naturgewalten und dem Berg stellen. Kann er es nicht, stirbt er.«

Und keine »Vogue« und keine Espressomaschine ändert daran etwas. Das Glück vielleicht, das auch »Männer am Berg« brauchen. Aber wer Glück hat und überlebt, kann Pech haben, eine Frau sein und öffentlich gesellschaftlich exekutiert werden.

Meine Shorts haben einen Riss. Kannst du den flicken, Reinhold?

»Also wenn ich die Semperei meiner Alten am Berg auch noch hören müßt, da ging ich lieber Tiefseetauchen. Da müßt sie ihren Mund halten. Ich such mir lieber auf der Hütte ein nettes Haserl«, gibt Henriette Eberwein den Ausspruch eines Bergsteigers wieder und stellt die Frage: »Wie hoch ist die Zahl der Männer wirklich, die in die Berge flüchten, um wenigstens für kurze Zeit von der Familie wegzukommen?« Sie glaubt, daß Frauen oft nicht auf die Idee kommen, in die Berge zu gehen, weil die Männer ihnen das gründlich ausgeredet haben.
Beim Bergsteigen feiern Frauenfeindlichkeit und männlicher Chauvinismus noch fröhliche Urständ. Dagegen müssen Frauen ihre Qualifikation wohl vor allem dadurch belegen, daß sie die Männer auf den Bergen nicht beunruhigen. Judith Huber betont in ihrem Gespräch mit den Bergsteigerinnen Andrea Eisenhut, Anka Klein und Christa Vögele, der sogenannten »Emanzenrunde«, daß extremes Klettern noch lange nicht »zur Männerfeindin« macht.
»Man darf nicht auf den Partner fixiert bleiben«, weiß Christa Vögele. »Die Frauen, die so völlig auf den Partner fixiert sind, die gehen beim Klettern immer hintennach,

obwohl sie oftmals besser sind als ihre Männer.« Einerseits scheinen Männer vor Frauen eine merkwürdige Angst zu haben, die andererseits die Frauen durch betont fürsorgliche Art auszuräumen versuchen. Sprechen versierte Kletterinnen und Bergsteigerinnen über ihre Probleme mit Männern im Gebirge, betonen sie immer wieder sofort, daß sie nichts gegen Männer haben.
»Man muß bestimmte Bereiche ohne die Männer machen können«, meint die Kletterin Christa Vögele, »damit man sie dann wieder mit den Männern machen kann. Denn wenn man selbst weiß, was man ohne Männer kann, rufen deren Vorurteile keine Selbstzweifel hervor.«
Als die Engländerin Rebecca Stephens zu einem Sponsorentermin gehen mußte, um Geld für ihre geplante Everestexpedition aufzutreiben, weil John Barry, der Expeditionsleiter, verhindert war, hatte sie ihre Bedenken, ob es ihr als Frau gelingen würde, Geld lockerzumachen. »Zieh einfach deinen kürzesten Rock an und hau sie um«, riet ihr der Expeditionsleiter. »Weibliche Reize« sind in der Auseinandersetzung mit »Männern am Berg« unverzichtbar, denn, wie mir ein struppiger Österreicher in Lobuche im Everestgebiet sagte: »Eine schöne Frau ist immer ein angenehmer Anblick, häßlich sind wir selber.« Was auf den ersten Blick als humorvolle Selbstkritik erscheint, entpuppt sich als Megastreß, wenn eine Frau mit Männern gehen will. Wie kriegst du es hin, auch noch in der größten Anstrengung ein reizvoller Anblick zu sein, und wozu eigentlich? Und wieso fordern Frauen nicht dasselbe von Männern,

denn unbestritten ist auch ein schöner Mann ein angenehmer Anblick.
Unter dem Titel »Es den Männern zeigen« spottet der »Spiegel« im August 1959: »Es war kein Zufall, daß außer den Sherpa keine Männer an der Expedition teilnahmen ... Der weibliche Gipfelsturmtrupp war nämlich nur deshalb in das Himalaya-Massiv eingestiegen, um vor aller Welt nachzuweisen, daß das Bezwingen zerklüfteter Eisriesen keineswegs ausschließlich Männersache sei. Diese fixe Idee stammt von der vierzigjährigen Französin Claude Kogan.« Wann wurde eine Männerexpedition je zu einer fixen Idee erklärt? Der »Spiegel« räumt ein, daß die Wahl des Cho Oyu durchaus vernünftige Gründe hatte: »An seinen schroffen Eiswänden hatte sie nämlich vor fünf Jahren als einziges weibliches Mitglied einer gescheiterten Männerexpedition, die nur das nackte Leben rettete, mit einer Kletterleistung von 7650 Meter den Bergsteiger-Höhenweltrekord für Frauen aufgestellt.« Und weiter: »Die Bewerberinnen rückten so zahlreich an, daß sich Madame Kogan die stärksten Bergsteiger des schwachen Geschlechts aussuchen konnte.« Der »Spiegel« zitiert auch den Kletterer Paul Preuss: »Die Frau ist der Ruin des Alpinismus.« Den Hauptort des Sherpalandes, Namche Bazaar, nennt der »Spiegel« unbefangen ein »Kuli-Kaff« (die Geringschätzung von Frauen und von Menschen aus sogenannten Dritte-Welt-Ländern geht oft Hand in Hand), die Träger sind selbstverständlich »Kulis«. Während die erste gescheiterte Männerexpedition nicht kritisiert wird, findet man hier schnell die Schuldige, »Hochgebirgs-Ama-

zone« Claude Kogan, die sich keine Funkgeräte leisten konnte, deshalb über den Wettersturz nicht Bescheid wußte und »mit einem strammen Sherpa namens Angnorbu« und ihrer Freundin Claudine van der Stratten starb. Daß Mitglieder des Teams noch aufsteigen, um die drei zu retten, wird ihnen nicht etwa hoch angerechnet, obwohl nur wenige Männerexpeditionen je zu solchen Strapazen bereit waren. »Weiteren Strapazen war die Expedition in der dünnen Luft nicht mehr gewachsen«, heißt es vielmehr über das »tragische Scheitern des Frauenunternehmens«.

Karl Herrligkoffer fühlt sich noch berufen, auf die »periodischen Schwächen« der Frauen hinzuweisen: »Männer sind eben anders gebaut. Das werden die Frauen auch nicht ändern, wenn sie einen Achttausender besteigen.« Das klingt, als seien die Frauen nicht etwa in einer Lawine erstickt, sondern in ihrer Menstruation ertrunken. Dabei haben auf hohen Bergen eher die Männer ein Problem mit dem Blutfluß. »Alle Männer hatten Hämorrhoiden«, erzählt eine Teilnehmerin einer Himalayaexpedition schaudernd, »das Klo war kein schöner Anblick, das kann ich dir sagen.«

Da kommt doch der Artikel »Die Frau, die Berge und der Eros« von Eugen Kalkschmidt vom Februar 1928 geradezu fortschrittlich daher. »Es waren durchaus nicht immer oberflächliche Leute, die der Weiblichkeit in den Bergen aus dem Weg gingen«, schreibt er spöttisch, »aus Furcht vor dem gefährlichen kleinen Burschen, dem Eros.« Und später fragt er: »Hat die große Mittelschicht der Berg- und Talwanderer durch die vermehrte weibliche Konkurrenz Schaden genommen an ihrer unsterblichen Seele? Ich bezweifle es.« Sein Artikel, in dem er »den freien Verkehr der Geschlechter in der freien Natur« für günstig hält, »will eine bescheidene Anregung für Selbstdenker sein«.

»Der Großteil der ›Männer am Berg‹ erliegt der Macht der Vorurteile, die man nach wie vor dem weiblichen Geschlecht entgegenbringt: zu wenig belastungsfähig, emotional zu labil, streitsüchtig, wehleidig, kein Kampfgeist ... Daher sollte die Frau lieber zu Hause bleiben, einen ordentlichen Haushalt führen und ihren ›heimgekehrten Helden mit dem Nordwandgesicht‹ gebührend bewundern und umsorgen«, schreibt die Höhenbergsteigerin Henriette Eberwein 1988 im Alpenvereinsjahrbuch anläßlich einer Achttausenderexpedition, an der sie teilnahm. Sie hatte mit ihren männlichen Teamkollegen zwar keine akuten Probleme, beobachtete deren Verhalten aber sehr genau: »Ich habe schon einige Männer in haarigen Situationen erlebt, gemerkt, wie sie die Nerven verlieren«, berichtet sie. »Auf einmal fühlte ich mich nicht mehr als schwächster Punkt der Mannschaft, und das mobilisierte in mir ungeheure Energien.« Und weiter: »Wenn ich nicht soviel auf einmal tragen kann wie ein Mann, dann muß ich die Strecke eben öfter gehen. Wenn ich einen Griff nicht erreiche, weil ich zu klein bin, muß ich mich eben genauer nach einem anderen umsehen.« Henriette Eberwein ist erfrischend undogmatisch, beschreibt andererseits die Probleme in Männergruppen sehr genau: »Auch in reinen Männergruppen kriselt es oft gewaltig, beste Freundschaften zerbrechen, und beim Abschied grüßt sich die Hälfte der Teilnehmer nicht mehr. Manche führen sogar anschließend Prozesse.« Die Konflikte erscheinen ihr aber normal, und sie sieht die Lösung durchaus nicht in reinen Frauengruppen.

Rebecca Stephens sprach Sir Edmund Hillary Anfang der neunziger Jahre auf einem Vortrag an, ob er sich vorstellen könnte, daß eine Frau an einer Himalayaexpedition teilnimmt und sich vornimmt, einen Achttausender zu besteigen. Heute sei das etwas anders, meinte Sir Hillary, es gebe ja offenbar schon Frauen, die bewiesen haben, daß es möglich ist, aber als er auf dem Everest war, sei das undenkbar gewesen. So undenkbar wohl doch nicht, denn schon 1954 war Claude Kogan am Cho Oyu auf 7650 Meter gestiegen, und sechs Jahre nach Hillarys und Norgay Tenzings Everesterstbegehung führte sie die erste Frauenexpedition zum Cho Oyu. Sie erreichten eine Höhe von 7800 Meter.

1961 sagte ein Mitglied der Hillaryexpedition auf den Makalu zur Bergsteigerin Irene Miller, die später an Arlene Blums Annapurnaexpedition teilnahm: »Wenn du mitmachen willst, mußt du bereit sein, mit allen Teammitgliedern zu schlafen.«

In dem Buch »From the Ocean to the Sky« schrieb Sir Hillary 1979: »Die Probleme in internationalen Expeditionen verblassen ins Unerhebliche angesichts der Schwierigkeiten, die eine einzige Frau im Team verursacht.«

Und Arlene Blum wurde 1975 mit folgenden Worten zu einer Mount McKinley-Expedition eingeladen: »Frauen sind zum Basislager und zum vorgeschobenen Basislager eingeladen, um bei der Küchenarbeit zu helfen.«

Auf dem Weg zum Everestbasislager traf ich die Bergsteigerin Inge, die mit zwei Freunden zum Island Peak unterwegs war. »Er hat mich überhaupt erst zum Höhenbergsteigen gebracht«, erzählte sie von dem einen Begleiter, »aber ich kann dir sagen, unkompliziert ist das nicht. Inge, wo sind meine Handschuhe, frag doch mal, was es zu essen gibt, wo ist denn mein Schlafsack, warum sind denn die Träger noch nicht da, so geht das den ganzen Tag. Ich habe das Gefühl, Männer brauchen Babysitterinnen.« Und was das Verhalten der Männer in ungemütlichen Situationen in einem engen Zelt betrifft, winkte sie nur ab: »Da werden um einen Keks Kämpfe bis aufs Messer ausgetragen.«

Wenn Frauen bei einer Männertour mitgehen, haben sie die Aufgabe, für das leibliche und gelegentlich wohl auch für das sinnliche Wohl ihrer »Kameraden« zu sorgen. Sie bringen »Gemütlichkeit, Zivilisation«, wie ein Berg-Haudegen zugibt. Aber was ist eigentlich für die Frauen drin, was haben sie davon? Daß sie mitgehen dürfen?

»Meine Frau kam mit einer Yak-Karawane zum Basislager, sie brachte Champagner mit, und wir feierten«, erzählte Oswald Oelz, ein gutgelaunter Genießer, der sich »drei Wünsche im Leben erfüllt hat, nämlich einen eigenen Weinkeller, ein eigenes Spital und den Everest«. Er hat ein unverkrampftes Verhältnis zu Frauen in den Bergen, oft klettert er mit einer Partnerin. Aber er gibt auch zu, daß er seine Frau zu Anfang ihrer Beziehung

»auf jeden Berg gejagt« hat, was ihr irgendwann zu dumm wurde. Als er mit einem Höhenödem bewußtlos vom Dôme Blanc heruntergebracht wurde und seine Freunde um sein Leben fürchteten, wußte sie es besser: »Der erholt sich schon wieder.«

Die Art, wie Männer sich auf Bergtouren und Expeditionen oft umsorgen und verhätscheln lassen – sind keine Frauen da, müssen die Sherpa diese Aufgabe übernehmen –, schlägt den heldenhaften Expeditionsgeschichten ins Gesicht. Da sind Männer harte, aber auch zünftige »Bergkameraden«, sie »bezwingen« und »erobern« Gipfel, denn »der Gipfel muß fallen«. Ein »Kämpfertyp, der Leistung bringt«, ist natürlich höher im Kurs, als einer, der Zweifel hat und nicht um jeden Preis den Gipfel will, das mußte Günther Härter vom DAV Summit Club erfahren, als er mit der militärisch organisierten Herrligkoffer-Expedition am Everest, seinem ersten Achttausenderversuch, auf über siebentausend Meter stieg und umkehrte. Für Zögern und Zweifel ist kein Platz in einem Heldenleben.

Messner beschrieb in seinem Buch »Everest« die erste Frau auf dem Everest, die recht zierliche Junko Tabei, als »stark gebaut« und charakterisiert sie als Familienfrau. Wer erwähnt die Kinder von Bergsteigern, und warum kommen Expeditionsbergsteiger eigentlich nicht in Krisen und Zweifel, weil ihre Kinder zu Hause nichts von ihnen haben? Daß auch nicht stark gebaute Frauen auf den Everest stiegen, muß kräftige Bergsteiger irgendwie beunruhigen.

Rebecca Stephens erzählt von ihrer Everestbegehung, wie ihre Teamkollegen auf dem Weg zum Gipfel apathisch wurden und schließlich umkehrten. Sie wollte unbedingt aufsteigen und konnte sich nicht damit abfinden, daß der Expeditionsleiter John Barry das Startsignal für den Aufstieg nicht geben wollte. »Stundenlang schaute ich den kleinen Inderinnen in ihren pinkfarbenen Anzügen zu, wie sie ihren Tee tranken und plauderten.« Diese pinkfarbenen »petite Indian women« gehörten zu einer Expedition von Bachendri Pal, der ersten Inderin auf dem Everest, und gelangten trotz ihrer Zartheit alle zum Gipfel und wieder herunter.
»Es scheint einfacher zu sein«, ist die Erkenntnis der ersten Amerikanerin Stacy Allison auf dem Everest, »wenn die starken Männer nicht dabei sind.«
Als kein Sherpa mit Nachschub von Sauerstoffflaschen zum Lager III kommt, beschließen ihre beiden männlichen Kollegen Steve Ruoss und Jim Frush auszulosen, wer hochgehen darf, denn der Sauerstoff reicht gerade für eine Person. Stacy Allison gewinnt die Lotterie, erreicht den Gipfel und muß im Basislager erfahren, daß ihre beiden »Freunde« eine ganz andere Version der Lotterie veröffentlicht hatten: »Wir opferten unsere Gipfelchancen, damit Stacy hinaufgehen konnte.«
Stacys Kommentar: »Eine Amerikanerin hat's endlich geschafft! Dank der Hilfe eines amerikanischen Mannes, natürlich! Scheiß drauf!«
Ihre Expeditionskollegin Peggy Luce hatte mit ihrem »Kameraden« auch kein Glück. Als sie beim Abstieg vom Gipfel ihre Brille abnahm, weil sie beschlagen war,

wurde sie schneeblind. Geoff Tabin half ihr nicht, ließ sie einfach sitzen und stieg ab. Ohne die Hilfe von Dawa, dem Sherpa, hätte sie den Weg nicht gefunden und wäre gestorben.

Die »Eroberung der Berge«, der »Vorstoß zum Hochlager«, der »Sturm auf den Gipfel« des »Stoßtrupps«, der »Rückzug der Mannschaft« – all das läßt Menschlichkeit, Sensibilität, Rücksicht, Wärme, Zuneigung oft nicht zu. Joe Simpson beschreibt die Rücksichtslosigkeit und Brutalität vieler Bergsteiger in seinem neuen Buch »Dark Shadows Falling«. Simpson hat schlechte Erfahrungen gemacht, die ihn trotzdem nicht verbitterten, ihn aber dazu anregten, sich die Rituale des Bergsteigens genauer anzuschauen. Mit seinem Freund Simon Yates war er 1987 in Peru in der Cordillera Huayhuash zur Siula Grande unterwegs, wo die beiden eine Nordroute klettern wollten. Joe brach sich das Bein, und Simon schleppte ihn unter schwierigsten Umständen ein Stück nach unten; als Joe aber abrutschte und am Seil in der Luft hing, schnitt Simon ihn vom Seil. Er fiel in eine Gletscherspalte, arbeitete sich heraus, kroch auf allen vieren mit dem gebrochenen Bein über den Gletscher und kam nach vier grauenvollen Tagen buchstäblich im letzten Augenblick zum Lager, wo Simon und Richard, der dritte Mann, zum Aufbruch bereit, Joes persönlichen Besitz verbrannt hatten. Niemand wird beurteilen wollen, ob es richtig oder falsch war, daß Simon das Seil durchschnitt. Aber warum suchten die beiden Abenteurer, denen doch sonst wohl nichts zu riskant ist, ihren Freund nicht, warum versuchten sie nicht, ihn aus der Spalte zu bergen? Das Buch darüber, »Touching the Void«, macht die berühmten Seilschaften, die von Messner und Kollegen so idealisiert werden, plötzlich suspekt. Wenn auch Joe Simpson das Buch seinem Freund gewidmet hat, »Für Simon Yates, für eine Schuld, die ich nie zurückzahlen kann«, und wenn sich auch Simon Yates humorvoll vorstellt: »Ich bin der Mann, der das Seil durchgeschnitten hat« – ein schales Gefühl bleibt. Mit so einem Freund brauchst du keine Feinde.

»Ein bitterer Wind fuhr über das Geröllfeld des Everest South Col und fegte Schneekörner in die Falten der Kleidung eines Sterbenden. Er lag auf dem Rücken, die nackten Hände zu beiden Seiten den Körpers. Weniger als eine Seillänge entfernt schliefen in einer kleinen Ansammlung Zelte sieben Männer gemütlich in ihren Schlafsäcken. Der sterbende Mann lag schon seit Stunden draußen, dem eisigen Wind ausgesetzt.« So beginnt Joe Simpsons Bericht über die Grausamkeiten auf hohen Bergen. Simpson beschreibt den qualvollen Tod eines Mannes, dem auch nicht geholfen wird, als ein Sherpa aus dem Zelt kriecht, um sich zu erleichtern und sieht, daß der Mann sich bewegt. Er glaubt an eine Geistererscheinung. Die Männer im Zelt diskutieren über den im eisigen Schnee liegenden Mann, vielleicht, weil er die Stimmen hört, bewegt er einen Arm. Die Reaktion der Bergsteiger? Sie rufen das Basislager an: »Da draußen ist ein Körper, der sich noch bewegt. Können sich Tote bewegen? Over.« Die Antwort: »Das ist nicht möglich, aber es ist möglich, daß sich ein lebender Körper bewegt. Over.«

Niemand ging hinaus, schreibt Simpson, gab ihm zu trinken, fühlte seinen Puls, kniete sich zu ihm. Er starb allein. Die Männer der holländischen Expedition, die ihm nicht halfen, drehten über ihre hilflosen Diskussionen ein Video, verließen ihre Zelte erst wieder, als sie einen Gipfelversuch machten und über den Toten steigen mußten. Ronald Naar, der Expeditionsleiter, schreibt in seinem Buch »Alleen de Top Telt« (Allein der Gipfel zählt): »Ich will nicht, daß einer von uns verletzt wird. Es hat keinen Sinn zu versuchen, ihn zu retten.« In der Todeszone gebe es keine Rettung, meint Reinhold Messner, der allerdings selbst schon an Rettungsaktionen teilgenommen hat. Viele andere Bergsteiger wie Oswald Oelz oder Sigi Hupfauer haben diese Aussage widerlegt, retteten Freunde vor dem sicheren Tod. Sigi Hupfauer brachte sogar einen schwer höhenkranken, zeitweise bewußt-losen Freund von der Achttausend-Meter-Grenze am Broad Peak allein bei widrigsten Wetterbedingungen in vier Tagen zum Basislager.

Auch Gaby Hupfauer hatte beim Abstieg vom Broad Peak, während sich Sigi um den todkranken Freund in Gipfelnähe bemühte, in schwieriger, fast auswegloser Situation erfahren, was es heißt, einen höhenkranken Australier, der Arzt und Triathlonmeister seines Landes war, allein fünfhundert Höhenmeter tiefer vom letzten Hochlager zu seinen Freunden zu bringen.

»Den mußte ich buchstäblich den Berg hinunterzerren«, sagte sie. »Für mich war dieses selbständige Handeln verpflichtendes Muß, trotz aller Ängste und Bedenken wegen der Katastrophe am K2 nur wenige Tage zuvor.«

Auch am Gasherbrum II hatten die Hupfauers einen in Gipfelnähe etwa zweihundert Meter Abgestürzten, der von seinen eigenen Kameraden zurückgelassen wurde, zum letzten Hochlager mit zurückgenommen.

Im katastrophalsten Jahr der Everestbesteigungen, 1996, als in einer Saison zwölf Menschen starben, trafen Mitglieder einer japanischen Expedition auf dem Weg zum Gipfel auf zwei Inder, die in einer Höhe von 8650 Meter kauerten, einer bewegte sich, einer lag im Sterben. Hiroshi Hanada und Eisuke Shigekawa gingen noch etwa fünfzig Meter weiter, wo sie eine kleine Rast einlegten, etwas aßen und tranken, um dann ihren »Gipfelsturm« zu beginnen. »Anderen zu helfen hatte in dem Traum keinen Platz, in den sie sich eingekauft hatten«, schreibt Simpson. Später darauf angesprochen, verteidigte sich Hanada verstört: »Sie waren Mitglieder einer indischen Expedition, wir kannten sie nicht.«
Der kommerzielle Expeditionsführer Richard Cowper schreibt in der »Financial Times«: »In über achttausend Meter Höhe kann man sich Moral nicht leisten.« Diese Haltung war für den Leiter einer norwegischen Expedition Grund genug, mit dem Bergsteigen aufzuhören: »Freundschaft, Nähe zur Natur, eine Beziehung zum Berg aufbauen – all das ist vorbei … Jetzt heißt es angreifen, Kletterer müssen um jeden Preis den Gipfel erreichen. Die sind sogar bereit, über Leichen zu steigen, um es zu schaffen … Ich werde nie mehr zurückkehren.«
Da könnte der Eindruck entstehen, auf hohen Bergen sei so etwas wie ein rechtsfreier Raum entstanden, wo

noch das Faustrecht und das Recht des Stärkeren gelten. Allerdings muß man heute nicht auf achttausend Meter aufsteigen, um allein und hilflos im Schnee zu sterben, während die Gruppenmitglieder, die Bergkameraden, ungerührt vorbeiziehen, denn zum Gipfel ist es ja nicht mehr weit. So geschehen im Sommer 1998 auf der Zugspitze in Deutschland. Ein Mann und eine Frau starben an Erschöpfung und an Unterkühlung. Die Gruppe und der Alpenvereinsbergführer ließen sie liegen, kümmerten sich nicht. Die Sicherheit in der Gruppe? So attraktiv wie ein Kopfschuß.

Ganz allein können Achttausender allerdings nicht bestiegen werden. Jedes Basislager kann nur mit Hilfe von Sherpa und Trägern eingerichtet werden.

Reinhold Messner sagt, daß Frauen ohne Sherpa niemals auf einen Achttausender kämen. Das tut er auch nicht, denn seine Bergausrüstung, die Zelte, das Essen, viele Tonnen schwer, schleppen ihm natürlich Träger zum jeweiligen Basislager. Und falls jemals Abfall von einer seiner Expeditionen wieder zu Tal gebracht wurde, so haben das wohl auch die Sherpa und die Träger getan.

Mehrere Frauen sind ohne die Hilfe von Sherpa von Basislagern auf Achttausender gestiegen, Gaby Hupfauer zum Beispiel oder Julie Tullis, die Bergpartnerin von Kurt Diemberger, die dem schweren Freund sogar einmal das Leben rettete, indem sie ihn mit schier übermenschlichen Kräften hochzog, als er ins Seil gefallen war und über dem Abgrund hing, das Ganze auf über siebentausend Meter Höhe. Auch Alison Hargreaves ging allein, im alpinen Stil, wie Messner das nennt. Hargreaves tat 1995 ziemlich genau das, was auch Messner 1978 schon getan hatte: Sie stieg allein ohne Sauerstoff und ohne Hilfe von Sherpa zum Everestgipfel und kam lebend und ohne Schäden wieder herunter.

Kein Problem mit den Männern im Team, insbesondere mit ihrem eigenen Mann scheint Gaby Hupfauer zu haben. Sie ist eine Bergsteigerin »vom alten Schlag«. Sie hat mit niedrigeren Bergen angefangen und sich über Siebentausender zu den Achttausendern hinaufgearbeitet. Über Männer ärgert sie sich nur, wenn sie arrogant sind. »Wenn die kleine Dicke da hinaufkommt«, zitiert sie einen Bergkameraden, »dann schaffe ich das leicht.« Viele Männer scheinen zu glauben, meint sie, daß Frauen in den Bergen auf jeden Fall schwächer sind als Männer. Aber wenn ihr einer arrogant kommt, zieht sie an ihm vorbei, und er sieht sie für den Rest der Expedition nur noch von hinten. Für die Selbstdarstellungssucht vieler Expeditionsteilnehmer hat sie nur milden Spott übrig: »Da kommt einer einmal mit einer kommerziellen Expedition auf einen Achttausender hinauf, schon schreibt er ein Buch! Uns hat so was nie interessiert. Wir gehen in die Berge und sind nicht dahinter her, in der Öffentlichkeit zu stehen.«
Tatsächlich gibt es von Hupfauers gerade mal ein paar knappe Expeditionsberichte, die beim Alpenverein liegen, und zwei, drei Zeitungsartikel. Obwohl sie spektakuläre Touren gemacht, Achttausender bestiegen haben, erscheinen sie in kaum einem Pressebericht – was

Gaby Hupfauer nur recht ist. »Aus der Erstbegehung einer Frau auf dem Mount McKinley haben wir nie eine große Sache gemacht«, sagt sie in wahrer Bescheidenheit. Sie ist ein Phänomen. Überzeugend in ihrer Loyalität zu ihrem Mann, in ihrer Zufriedenheit mit dem reinen Bergsteigen.

Wenn Frauen sehr hohe Gipfel, den höchsten der Welt, besteigen, reagiert die Öffentlichkeit, die männliche Bergsteigerelite oft mit Verunsicherung und Arroganz. Die Leistung, sonst immer so hoch bewertet, wird dann gern durch Bemerkungen wie »sie wurde am Seil hochgezogen«, »die Sherpa trugen sie ja praktisch hinauf« abgetan. Die Everestexpedition der Indonesierin Clara Sumarwati wurde tunlichst ignoriert, obwohl oder vielleicht gerade weil sie für eine auf Meeresebene lebende Inselbewohnerin wohl ein paar mehr Hindernisse zu überwinden hatte als ein Bergbewohner der Dolomiten. Als Bachendri Pal 1984 als erste Inderin auf dem Everest stand, interessierte das die Öffentlichkeit ungefähr so brennend wie die Zeitung vom letzten Jahr. Diese Frau organsierte 1993 selbst eine Expedition von fast ausschließlich Frauen, von denen vier den Gipfel erreichten, Santosh Yadav bereits das zweite Mal.

Lydia Bradey stieg im Oktober 1988 mit Männern einer fremden Expedition zum Gipfel, weil Rob Hall, ihr Expeditionsleiter, ihr die Genehmigung zum Aufstieg nicht geben wollte und auch selbst nicht ging. Als sie »auf allen vieren« und ohne Sauerstoff nach eigenem Bericht den Gipfel erreicht hatte, erntete sie von allen Männern der anderen Expeditionen, insbesondere von Rob Hall, beißenden Spott und Zweifel an ihrer Gipfelbegehung. Lachend erzählten sich die Männer, wie Bradey auf allen vieren hochgekrochen war, was wieder einmal zeigt, wie unterschiedlich der Maßstab für Männer und Frauen ist. Denn was bei Bradey lächerlich dem Spott preisgegeben war, wenn es denn überhaupt stimmte, galt bei Hermann Buhl, der ebenfalls auf allen vieren zum »Schicksalsberg der Deutschen«, dem Nanga Parbat, kroch, als besondere Heldentat: Sogar als er so schwach war, daß er nur noch auf allen vieren kriechen konnte, erreichte er noch den Gipfel! »Jeder Schritt eine Überwindung«, schreibt er über seine Nanga-Parbat-Tour, »die Skistöcke habe ich zurückgelassen, auf allen vieren krieche ich aufwärts, halte mich auf den höchsten Punkt zu.«

Die Frage ist, ob Männer noch bergsteigen würden, wenn sie solchen Demütigungen ausgesetzt wären, wie Julie Tullis sie in ihrem Buch »Clouds from Both Sides« beschreibt: »Jeff rief mich ins Mannschaftszelt, wo eine kleine Gruppe zusammensaß, offensichtlich hatten sie starkes Zeug mit dem Koch geraucht, und sie lachten dröhnend. ›Komm rein, Julie‹, forderte mich Jeff auf. ›Gelad sagt, er will dich ficken.‹ Gelad war unser korrupter, pakistanischer Polizeiaufpasser, der sich auch als inkompetenter Postläufer betätigte. Er verschwand oft tagelang und kam dann ohne Post zurück. Ich glaube nicht, daß er je in die Nähe einer Post kam. ›Also was sagst du?‹ kicherte unser angeblich so verantwortungsvoller Expeditionsarzt. ›Ich würde sagen, daß es für dich und deine Freunde typisch ist, daß ihr euer Hirn in den

Eiern rumtragt.‹« Soweit Julie Tullies über ihre erste Expedition in Richtung K2. Bei derselben Expedition sagte François Hess zu ihr: »Ich habe ein paar zerrissene Shorts, die genäht werden müßten. Jeff hat gewettet, daß du sie nicht nähst.«

Es war wohl selbstverständlich, daß all die Männer mit Näharbeiten und anderen häuslichen Verrichtungen zur Aikidomeisterin Julie Tullis kamen, auch Kurt Diemberger übrigens, der sich von ihr die Hosen kürzen ließ, was sie tat, allerdings mit Klebeband.

Als Alison Hargreaves vom Everest herunterkam, wurde sie von allen Seiten bestürmt, wie sie ihre Kinder allein lassen konnte. »Sie waren nicht allein«, sagte sie einem Journalisten, »sie haben einen Vater.« Das scheint mehr zu sein, als viele Kinder heutzutage haben, und auch in der Expeditionsszene kennen die Kinder ihre Väter wohl hauptsächlich aus der Zeitung. Niemandem kam es jedenfalls in den Sinn, Scott Fischer zu fragen, wie er mit zwei kleinen Kindern ein Expeditionsgeschäft aufmachen könne. Er starb bei der Wettersturzkatastrophe 1996 am Everest, zusammen mit dem Expeditionsleiter Rob Hall, der froh gewesen wäre, wenn sein Klient Doug Hansen wie Lydia Bradey auf allen vieren zum Gipfel hätte kriechen können, denn dann hätten die beiden vielleicht noch eine Chance gehabt, wieder abzusteigen.

Hermann Buhl hatte drei Töchter, die er aus der Ferne mit Hilfe seiner Frau Generl dirigierte. Seine Kinder kannten ihn kaum, die älteste war sechs Jahre, als er auf der Chogolisa 1957 starb.

»Kurt hat heute einen guten Tag«, schreibt Hermann Buhl während seiner Expedition zum Broad Peak ins Tagebuch, »er geht voraus, und ich lasse mich nicht ungern von ihm ein wenig ›ziehen‹ ...« Und Maurice Herzog erzählt über die Annapurnaexpedition: »Mit seiner [Marcel Schatz] Hilfe gelingt es mir, aufzustehen und mich im Gleichgewicht zu halten. Mein Gefährte geht voraus und nimmt mich ins Schlepptau.«
Was hier selbstverständliche »Kameradschaft am Berg« ist, wird bei Sandy Hill Pittman, die der Sherpa Lopsang ebenfalls ans kurze Seil nahm, verhöhnt und mit ätzender Kritik überschüttet. Die Weiber! Nicht mal allein gehen können sie! Das ist der Tenor der Kommentare von Bergsteigern im Herbst 1996 in Kathmandu.

»Das Vorbild Hermann Buhls, es bleibt«, schreibt Diemberger über den »guten Kameraden« (im 1997 veröffentlichten Buch über Hermann Buhl). Während man Leni Riefenstahl zu Recht ihre enge Verbindung zu Hitler und den Nazis vorwirft, durfte Hermann Buhl seinen Bestseller »8000 drüber und drunter« von Kurt Maix schreiben (und sich dafür bis heute loben) lassen. Kurt Maix hat seinen Stil beim »Völkischen Beobachter« eingeübt.
Sollte dieses »Vorbild«, das bedingungslosen Willen zur Leistung und zum Sieg zeigt, sich einer militaristischen Sprache bedient (Kampf um die Matterhorn-Nordwand, Sieg über die Eiger-Nordwand) und damit noch sehr in der Nähe der nationalsozialistischen Ideale eifert, der eine Familie gründet und sie dann im Stich läßt, nicht eher langsam hinterfragt werden?

Ist die Familie Buhl nicht ein beklemmendes Relikt aus einer unangefochten patriarchalen Zeit? Die Frau sitzt zu Hause, bietet Wärme, Sicherheit, Zuneigung, hütet die Kinder, wartet auf den Mann, bangt mit ihm, wenn er seine Abenteuer durchlebt, hört sich seine Geschichten an, die sie doch auch langsam langweilen müssen, denn ist nicht am Ende eine Wand wie die andere, ein Berg wie der andere? Die ideale Frau, die nicht fordert, sondern versteht, wartet auf den idealen Mann, den kühnen Abenteurer, der in Ermangelung eines Kriegs Berge bekämpft und besiegt. Dazwischen sind irgendwo die Kinder. »Er, der ›strenge Vater‹, liebte sein Dreimäderlhaus trotzdem sehr«, heißt es in Messners Buch über Buhl. Und die Tochter schreibt: »Papa kam nicht mehr zurück, aber er war doch auch vorher nicht viel dagewesen.«

Der Kletterer Graeme Dingle faßt in einer Beschreibung seiner Gefährtin Jill Tremain zusammen, wie die ideale Partnerin eines Bergsteigers aussieht. »Sie war eine fast perfekte Berggefährtin. Immer bereit, mehr zu geben als zu nehmen. Mit ihr in den Bergen zu sein und ihre Philosophie zu hören hieß, das Leben besser verstehen.« Auf wie viele Männer würde so eine Beschreibung wohl zutreffen?

In seinem gleichnamigen Buch erklärt Karl Herrligkoffer den Everest zum »Thron der Götter« und schlägt damit die Einheimischen Tibets und Nepals gleich zweimal ins Gesicht. Zum einen ist sowohl in der tibetischen als auch in der nepalischen Geschichte gerade dieser höchste Berg der Welt eine Frau – im Tibetischen

Chomolungma, die Großmuttergöttin, im Nepalischen Sagarmatha, die Mutter des Universums –, zum anderen zeigt er damit, welchen Anspruch er und seine »Kameraden« stellen: Sie sind die Götter, für die dieser Thron dasteht. Die Helden, die einen Thron verdient haben und nicht so etwas Unwichtiges wie eine Göttin. »Helden?« sagen die beiden Sherpa Nga Temba und Ang Chappal zu Dietlinde Warth, die mit ihrem Mann zum Makalu ging. »Wir wollen keine Helden sein. Weißt du, wen wir einen ›hero‹ nennen? Die albernen jungen Burschen, die ölige Filmhelden nachäffen und davon träumen, auch mal berühmt zu sein und von einem Plakat zu grinsen.«

Mit Männern durch dicke und dünne Luft

Ich habe an die hundert Expeditionsberichte von Männern und Frauen gelesen, und die Eintönigkeit ermüdet mich langsam. Immer die gleichen roten und blauen Maden auf irgendwelchen Gipfeln mit irgendwelchen Landesfähnchen. Fotos von schnee- und eisbedeckten Bergspitzen, dick verpackte Gestalten, die am Seil in irgendeiner Fels- oder Eiswand hängen, verbrannte, frostgeschädigte Gesichter. Immer dieselben Berichte: Schwierigkeiten beim Organisieren der Tour, Magen-Darm-Probleme, das Basislager kostet Nerven, schlechtes Wetter, gutes Wetter, Aufstieg zum Lager I, die Sonne brennt, die Haut reißt auf, Schwitzen, Frieren, Aufstieg zum Lager II, III, IV, V usw., drangvolle Enge in den Zelten, mühsames Schmelzen von Schnee oder Eis für Getränke und Fertigmahlzeiten, Schneesturm, Eissturm, Windstärken von zweihundert Stundenkilometern, überhaupt kein Wind, Wolken, Nebel, schlechte Sicht, Gipfelversuch, Ausrutschen, Abstürzen, Überleben, Sterben, mit letzter Kraft zum Lager IV, III, II, I, Basislager absteigen, Glückwunsch, Feier, Empfangskomitee zu Hause, neue Pläne …

Langweilig, denke ich. Warum machen Frauen das eigentlich alles mit? Und warum gehen sie so weit wie Nena Holguin, die ehemalige Lebens- und Berggefährtin Reinhold Messners? In Peter Gillmans Buch »Everest« stammt der Artikel »Der Partner in mir« von ihr. Meine anfängliche Begeisterung für diese Frau, die anscheinend in Eis und Schnee allein aufsteigt, verwandelt sich in ungläubiges Staunen, als mir klarwird: Sie schreibt diesen Bericht in Ich-Form für Reinhold Messner. So sehr identifiziert sich diese Frau, die am Nordsattel des Everest darauf wartet, daß er vom Gipfel zurückkommt, mit ihrem Partner, daß sie mit ihm zu einer Person verschmilzt!

Tatsache ist, daß die meisten Frauen mit ihren Lebensgefährten in die Berge gehen. Verständlich, denn wenn er die meiste Zeit in den Bergen verbringt und die Frau ihn liebt und ihn deshalb gern ab und zu sehen will, bleibt ihr ja praktisch nichts anderes übrig. Es gibt natürlich auch Frauen wie Julie Tullis und Jill Tremain, die ihre Ehemänner zu Hause lassen und mit einem Berg-Partner gehen. Die Erotik – wenn sie überhaupt entsteht – dick eingepackt in Goretex- und Daunenanzüge, in winzigen Biwakschachteln, Notzelten oder Basislagern gibt Ehemännern und Ehefrauen offenbar wenig Grund zur Eifersucht.

Frauen, die mit Männern gehen, laufen Gefahr, ihren Instinkt, ihre eigenen Warnsysteme, ihren eigenen Rhythmus zu verlieren. Die Vorgabe des Mannes wird zur großen Herausforderung. Andererseits kommen die Gluckeneigenschaften von Frauen anscheinend gerade in den Bergen verhängnisvoll zum Tragen. Das Phänomen, daß

Frauen selbst stärkere Männer schützen wollen, ist einigen zum Verhängnis geworden.

1986 befinden sich neun verschiedene Expeditionen, Italiener, Österreicher, Polen, am K2. Die »Stars« Reinhold Messner, Jerzy Kukuzka und Kurt Diemberger sind auch da. Messner will die »Magic Line« gehen. Diemberger ist mit seiner Partnerin Julie Tullis unterwegs. Der Italiener Renato Casarotto macht einen Alleingang, seine Frau Goretta unterstützt ihn vom Basislager aus. Das Ehepaar Liliane und Maurice Barrard geht in einer Expedition mit Wanda Rutkiewicz.
»Ich habe die Ehe immer als Hindernis empfunden und würde nicht mit einem Ehemann bergsteigen wollen. Ich schätze die Unabhängigkeit in den Bergen, da ich finde, daß die Ehe durch andere Dinge zusammengehalten wird als die Teilnehmer einer Expedition«, sagt Wanda Rutkiewicz. »Jedes Paar stellt eine Untergruppe in einer Expedition dar. Das kann zu unnötigen Spannungen führen, aber es muß nicht immer so sein.«
Der Filmemacher Marco Corte Colo wird höhenkrank, und die beiden Frauen Julie Tullis und die bergunerfahrene Filmerin und Ärztin Christina Smiderle, seine Partnerin, steigen auf etwa sechstausend Meter auf, um ihm Sauerstoff zu bringen und ihn damit zu retten. Renato Casarotto stürzt ab, und Julie Tullis tröstet seine Witwe Goretta die ganze Nacht. Am Morgen schreibt sie vom Schock der Ereignisse gezeichnet an ihren Mann Terry: »Ich werde keinen Gipfelversuch mehr machen. Es bedeutet mir mehr, drei Stunden vor dem

Gipfel umzukehren und sicher runterzukommen, als den Gipfel zu schaffen. Es macht mir keinen Spaß mehr, meinen Berg der Berge zu erklettern.« Aber als das Wetter sich klärt, schreibt sie an Terry: »Chaos regiert. Wir versuchen's doch noch einmal.«
In der französischen Expedition kommt es zu den ersten Schwierigkeiten, weil Michel Parmentier und Maurice Barrard keine Fixseile befestigen wollen. Die Barrards und Wanda steigen hinter Parmentier auf, der in einer Schneebrücke, wie Gertrude Reinisch berichtet, ein Loch hinterläßt, über das die beiden Frauen nur mühsam klettern können – unter ihnen gähnt der Abgrund. Sie verlieren wertvolle Zeit und Kraft. Wanda geht allein zum Gipfel, die Franzosen trinken noch Tee. Als sie nachkommen beneidet Wanda die beiden Barrards ein wenig um ihr gemeinsames Gipfelglück. Parmentier steigt als erster nach einer Nacht in der Todeszone ab, Wanda folgt ihm. Sie kann ihn nicht leiden. Im nächsten Lager warten die beiden – in verschiedenen Zelten – auf die Barrards. Sie kommen nicht, und es wird klar, daß etwas passiert sein muß. »Ich konnte mir nicht vorstellen, wie ich mit Michel in einer Extremsituation zurechtkommen sollte«, sagte Wanda später. Maurice und Liliane Barrard stürzen ab, niemand weiß wie. Und Wanda steigt auf schnellstem Weg ab.
Auch Diemberger und Julie Tullis geraten in Schwierigkeiten. Sie sind ohne Sauerstoff zum Gipfel unterwegs. In ihrem Buch »Clouds from Both Sides« erzählte Julie von einem Zwischenfall, der ihr sehr zu denken gab. Sie, eine fähige Bergsteigerin, reagierte in einer schwie-

rigen Situation im Fels Kurt gegenüber mit lautem Schluchzen. Sie realisierte, daß sie die Ritterlichkeit in Kurt provozieren wollte, daß sie sich klein machte. »Eine typisch weibliche Reaktion, wenn man Mitgefühl möchte.« Julie hat den schwarzen Gürtel in Budo und Aikido, stand als Fünfundvierzigjährige auf einem Achttausender und ist damit durchaus kein »Weibchen«.
Eine der letzten Eintragungen in Julie Tullis Tagebuch lautet: »Ich werde diesen ganzen Weg nicht wieder hinaufgehen! Wen kümmert es schon, ob ich am K2 noch dreihundert Meter höher gestiegen bin.«
Aber es kommt anders. Kurt sagt zu Julie: »Es ist nur noch eine Stunde, sollen wir gehen oder nicht?«
Der Gipfel ist nah, das Licht geht weg, berichtet Kurt Diemberger in seinem Buch »K2. Traum und Schicksal«. Er schreibt: »Wir fühlten uns gut, und wir gingen.« Er fühlte sich gut, und er wollte gehen, lese ich daraus. Und so gut fühlte er sich vielleicht auch gar nicht, nach vielen Expeditionen war Kurt erkältet, Julie pflegte ihn und schwärmte noch über den K2: »I love this place.« Aber selbst wenn es ihm nicht gutgegangen wäre – auf Julie konnte er sich verlassen. Sie würde ihm schon helfen. Julie hatte, ehe sie den Gipfel anging, jede Menge zu tun: Marco Corte Colo retten und seiner Freundin Christine Smiderle helfen, Goretta Casarotto trösten, Kurt pflegen. Julie sagte: »Es ist höchste Zeit, laß uns runtergehen.« Kurt drückte ihr statt dessen eine englische Fahne für das Gipfelfoto in die Hand.
Sie gingen weiter. Julies Gefühle für Diemberger waren stark. Sie hätte ihn nicht im Stich gelassen.

In seinem K2-Buch meint Kurt Diemberger zwar, daß er sein Glück in den Bergen, etwa an dem Tag, als Hermann Buhl abstürzte und er sicher wieder ins Tal kam, seinem guten Stern verdanke »und mir selbst, weil ich niemals aufgebe«. Daß er seiner Partnerin Julie Tullis jede Menge verdankt, weil sie niemals aufgab, bis sie schließlich starb, wird nicht ganz so klar. Die beiden geraten in eine Lawine, er: »Julie gib acht, daß unsere Schuhe nicht verschwinden.« Und: »Julie, wo ist mein zweiter Schuh, ich kann ihn nirgends finden!« Da hatte sich Julie gerade aus dem verschütteten Zelt befreit.

Schon beim Aufstieg zum K2 kam es zu einem Zwischenfall, der Diemberger ohne Julie Tullis Hilfe das Leben gekostet hätte. Er brach durch eine Schneerampe. »Der Pickel hält mich, ein Steigeisenzacken – und Julie«, schrieb er. Diemberger gilt in Bergsteigerkreisen als Phänomen, weil er eigentlich zu schwer für einen Bergsportler ist.

»Julie, up again, pull what you can«, ruft er ihr zu, sie zieht ihn hoch und rettet ihn. »Don't panic, you will not die here«, sagt sie ruhig. Wieviel Kraft kann sie jetzt noch haben? Offenbar nicht genug. Beim Abstieg rutscht sie aus und stürzt einen Hang hinunter. Scheinbar bleibt sie unverletzt, aber sie wird immer schwächer. Als sie und Kurt mit ein paar Österreichern mehrere Tage in der Todeszone einen Schneesturm abwarten müssen, reicht ihre Kraft nicht mehr. Sie stirbt in der Nacht im Zelt des Österreichers Willi Bauer. Ihre letzten Worte: »Willi, bring mir den Kurt gut hinunter.«

Die Polin Dobroslawa Miodowicz-Wolf wird die nächste Assistentin. »Das Leben ist dort unten«, sagt sie und mahnt zum Aufbruch. »Mrowka, vergiß meine Schuhe nicht«, bittet Kurt. »Sie darf nicht vergessen!« Das schreibt Diemberger in seinem Buch über den K2. »Brauchst du den Rucksack?« fragt sie. Nach den Berichten von Jerzy Kukuzka und Peter Gillman hilft Mrowka später auch noch Willi Bauer, als er im tiefen Schnee feststeckt. »Wie Kurt und Willi Bauer versicherten, bewies sie ungewöhnliche Geistesgegenwart und entwikkelte unglaubliche körperliche Kräfte«, schreibt Kukuzka, »auch sie trug dazu bei, auf dem Rückweg die Route zu finden, und damit half sie Bauer und Diemberger, wieder Mut zu fassen.« Ihr hilft niemand, als sie in unmittelbarer Nähe des Lagers, das ihre Rettung hätte sein können, die Kraft verläßt. Diemberger überholt sie, weil sie »zu langsam« ist. Sie stirbt, bevor sie sich abseilen kann.

Cherie Bremer-Kamps Mutter war nicht begeistert, daß ihre Tochter mit dem Extremkletterer Chris Chandler in die Berge ging, nachdem sie vorher jahrelang mit ihm um die Welt gesegelt war. Da Cherie am K2 in eine Gletscherspalte gefallen war, machte Lori sich immer ein wenig Sorgen um ihre Tochter. Als Chris und Cherie zum Kangchendzönga aufbrachen, hatte Lori einen furchbaren Traum. Sie sah drei Männer und eine Frau, ein Mann saß unter dem Gipfel, zwei riefen sich etwas zu, verstanden sich nicht. »Ich sah, daß viel gefallen wurde«, sagte Lori und war schrecklich besorgt.

»Werden wir sterben?« fragte Cherie unruhig.
»Das bleibt bis zum Schluß unklar«, sagte die Mutter. Sie ging zum Basislager mit – als Cheries Schutzengel. Das Team gerät nach dem Gipfelanstieg in einen Sturm. Chris sitzt unter dem Gipfel – er ist tot. Cherie hört seine Stimme, als sie sich hinunterkämpft. Der Sherpa Mongol stürzt und fällt, weit hinunter, überlebt es. Als Cherie mit Mongol mehr tot als lebendig im Basislager ankommt, kann Lori es kaum fassen, daß sie das überlebt hat. Der Traum wurde wahr, aber ihre Gebete wurden erhört.

Es ist fast eine Erleichterung, einmal einen völlig anderen Expeditionsbericht eines Paares zu lesen: Hermann und Dietlinde Warths Buch über den Makalu. Der Untertitel des Buches ist einmal nicht »Thron der Götter« oder »Wettlauf« oder »Kampf um ...« oder »Ohne Sauerstoff«, sondern »Expedition in die Stille«. Während Hermann mit dem Sherpa Ang Chappal auf den Berg steigt, bangt die Ehefrau nicht etwa im Basislager ruhelos um ihn, sondern blödelt mit dem Expeditionsarzt und den Sherpa herum. Als ihr Mann vom Gipfel wieder eintrifft, kommentiert sie: »Sieh dir den Kater an, er schaut nach einem Achttausender ohne Sauerstoff besser aus als nach einer Nacht lang Grußkarten unterschreiben.« Sie zeichnet die Sherpa, die Szenen im Lager, Sherpani, die sich die Haare flechten, und beobachtet die Lebensgewohnheiten der Sherpa mit großem Interesse. Aber auch Hermann scheint ein besonderes Kaliber zu sein. Drei entscheidende Fragen stellt er sich nach der Expedition: 1. Befanden wir uns in Harmonie mit der Natur? 2. Befanden wir uns in Harmonie miteinander? 3. Bin ich an meine Grenzen gestoßen? »Der Perfektionismus der Organisation«, schreibt er, »isoliert von allem, macht die Natur weitgehend berechenbar, nimmt ihr ihre Überraschungen und Geheimnisse; er bewirkt, daß man den Komfort industrieller Zivilisation hinübertransportiert in den Himalaya und davon umgeben wie auf einer wandernden Insel durchs Land zieht ohne echte Erfahrungsbereicherung und Kontaktnahme zu Natur, Bevölkerung und Kultur ...«

Das scheint für seine Frau nicht ganz zuzutreffen. Sie berichtet von der Landschaft, den Einheimischen, ihren Verrichtungen: »Ich bin durch einen Bach gewatet, habe mich auf einem Felsen ausgestreckt. Überall brennen kleine Feuer, der Reis schmort.« Sie schreibt sich die Namen der Sherpa und Sherpani auf und denkt über den Brauch, Familiennamen zu bilden, nach. Sie beobachtet sogar die religiösen Rituale. »Nawang sitzt vor dem Hausaltar und singt Gebete. Ein Mädchen gießt Wasser in die Schalen, dann holt sie Glut aus dem Feuer und füllt ein Weihrauchgefäß – genauso wie bei uns in Bayern.« Hermann braucht immerhin zwei Seiten, um zu rechtfertigen, warum er nicht auf den Gipfel gestiegen ist ...

Die heute sechsunddreißigjährige Ursula Huber-Fuster kam durch Frauen zum Bergsteigen. Ihre Schwester besuchte Jugend- und Sportkurse und nahm sie mit. Ihre Freundin Carolin ging mit der Mutter, Ruth Steinmann, bergsteigen, da durfte sie auch mitgehen. Und so »sprang ich schon mit sechzehn auf den Viertausendern der Schweiz herum«. Die Berge wurden Ursulas Leidenschaft. 1988 nahm sie an der Schweizer Manaslu-Expedition teil. »Außer mir war noch eine Frau in der Expeditionsgruppe, Barbara Wille. Aber sie vertrug die Höhe nicht gut und kehrte bei Lager I um. Ich akklimatisiere mich langsam, bei viertausend Meter kriege ich Kopfschmerzen, aber wenn ich akklimatisiert bin, dann habe ich keine Probleme mehr.« Ursula stieg mit den fünf Männern der Expedition zum Gipfel. In der Todeszone »fragte ich mich schon, für was tust du das? Diese Schinderei. Zehn Schritte gehen, Pause machen, verschnaufen, wieder zehn Schritte gehen, wenn ich das geschafft hab, ist es gut, wieder Pause ...« Aber dann kam die Euphorie, der Gipfel. Später schrieben die Medien kaum etwas darüber, daß Ursula Huber die erste Schweizerin auf einem Achttausender war. Die Schlagzeile war überall: Verlobung auf dem Manaslu. Denn Ursula Huber verlobte sich mit dem Expeditionsmitglied Peter Fuster, mit dem sie heute in Appenzell lebt und drei Kinder hat.

Auf dem Rückweg kamen sie in einen Wettersturz. »Es stürmte, schneite, wir konnten uns nicht mehr orientieren, es wurde Nacht. Das war sehr schwierig, ein Psycho! Peter hatte die richtige Nase und fand den Weg.« Mit Männern hat sie am Berg kein Problem oder jedenfalls nicht mehr als mit Frauen. »Ich werde schon mal angezündet, aber dann zünde ich zurück«, sagt sie. Sie geht sogar lieber mit Männern. »Ich kann's gut mit Männern.«

Aber wie die Presse auf sie als Frau reagierte, ärgerte sie. »Ich hab mir ein Röckchen angezogen und wurde von oben bis unten begutachtet: Was, die war da oben? Wie die aussieht! Stellen die sich eine Frau vor, die Haare auf den Zähnen hat?«

1990 ging sie mit Peter bei einer Expedition zum Everest mit. Sie wollten die schwierige Westridge-Tour ohne Hochträger machen. »Das war wahnsinnig streng, da gibt es Kletterstellen mit einem Schwierigkeitsgrad von fünf und sechs, da sind Frauen den Männern schon unterlegen. Während die Männer Schnee ausgestochen und das Basislager errichtet haben, habe ich versucht gleichzuziehen und Tee gekocht. Das war für mich kein Problem. Jede andere hätte vielleicht gesagt: ›Geht's noch?‹ Ich muß mir meine Emanzipation nicht beweisen.«

Sie mußten umkehren.

Mit drei Kindern kann sie jetzt nicht mehr auf hohe Berge steigen. »Der Trainingsaufwand ist fürs Klettern zu hoch, und es fehlt mir auch die Kondition und das Vertrauen. Und natürlich die Zeit.« Aber da wird sie doch ärgerlich: »Bei der Hargreaves hieß es, wie kann die mit zwei Kindern bergsteigen? Wie viele Männer gehen in die Berge und haben Kinder, der Kukuzka zum Beispiel, der hatte drei oder vier Kinder, da kräht kein Hahn danach!« Ohne Kinder, sagt sie, würde sie »mit Peter ein Expeditionsleben führen«. So muß sie träumen – zum Beispiel von den Sechstausendern in Südamerika.

Meine Kinder sind nicht allein, sie haben einen Vater

Mütter, die auf hohe Berge steigen, können es niemandem recht machen. Lassen sie die Kinder zu Hause, sind sie Rabenmütter. Nehmen sie sie mit zum Basislager, werden sie als verantwortungslos beschimpft. Die Amerikanerin Sandy Hill Pittman, für die die Everestkatastrophe 1996, wie vorne beschrieben, gesellschaftliche Ächtung zur Folge hatte, kam bereits im Jahr zuvor in die Schlagzeilen, als sie ihren neunjährigen Sohn mit einem Kindermädchen ins Everestbasislager mitnahm. Zwar hatten erwachsene Mitglieder des Teams mehr Akklimatisierungsprobleme als der kleine Bo, aber Sandy wurde trotzdem kritisiert und beschimpft.

Nicht viel besser erging es Alison Hargreaves, die ihre Kinder zu Hause bei ihrem Mann ließ und, wie bereits erwähnt, auf die Frage eines Journalisten, wie sie es fertigbringe, ihre Kinder zu Hause allein zu lassen, antwortete: »Meine Kinder sind nicht allein, sie haben einen Vater.« Aber auch Frauen, die ihre halbwüchsigen Kinder mit ins Gebirge nehmen, sind vor Kritik nicht sicher. Pam Caswells Geschichte wurde von der immer sensationshungrigen Presse genüßlich aufbereitet: Pam ging mit ihrem Sohn Simon und ihrem Ehemann Steve in der

Montblancregion bergsteigen. Die drei, allesamt versierte Bergsteiger, wollten auf den Aiguille de Bionnassay. Sie, als leichteste Person, ging voran und testete die kritischen Stellen mit ihrem Eispickel, als sich plötzlich eine kreisrunde Schneebrücke löste und sie in die Tiefe riß. Simon konnte den Fall nicht aufhalten und rutschte ihr nach, die beiden zogen auch Steve in das Loch, der sich ein Bein brach und im Lauf der sechsunddreißig Stunden, die bis zur Rettung vergingen, starb. Pam zog ihrem toten Mann den Anorak aus, um den Sohn vor Unterkühlung zu schützen. Die einen warfen ihr daraufhin vor, pietätlos an ihrem Mann gehandelt zu haben, die anderen fanden es verantwortungslos, daß sie ihren Sohn überhaupt mitgenommen hatte.

Alison Hargreaves Mann James Ballard darf als Ausnahme unter Ehemännern gelten, weil er alle Hausarbeiten und die Versorgung der Kinder durchführte, während Alison kletterte, und es ihm auch noch Spaß machte. Allerdings wußte er von Anfang an, was für eine Frau er geheiratet hatte. 1988 war sie die erste Britin, die, im sechsten Monat mit ihrem Sohn schwanger, die Eiger-Nordwand durchstiegen hatte. Hargreaves sagte immer, daß so ein Leben für ihre Kinder zwar vermutlich schwierig sei, sie aber einfach keine Mutter sei, die zu Hause bleibe. Auch Brede Arkless, Bergführerin vom British Mountaineering Club, die zahlreiche Touren und Expeditionen leitete, blieb wegen ihrer Kinder nicht daheim – und sie hat acht Kinder.

Ballard und die zwei kleinen Kinder, der fünfjährige

Tom und die dreijährige Kate, reisten mit Alison Hargreaves zu den Basislagern und kampierten dort, bis die Mutter vom Gipfel zurückkam.
Als Hargreaves die »großen Sechs« kletterte, den Piz Badile, Cima Grande, Dru, Eiger, Grandes Jorasses und Matterhorn, lebten Ballard und die Kinder mit Alison im Zelt oder in dem großen alten Familienbus, bis sie den Aufstieg hinter sich gebracht hatte. Kam sie herunter, hatte James eine großen Topf Spaghetti gekocht, und sie aßen und hörten sich die Erzählungen der Mutter an. In ihrem Bericht für »The Alpine Journal« erwähnt sie die Familie ein einziges Mal, nämlich als sie nach erfolgreicher Durchführung ihres Plans »leichten Herzens« zu ihrer Familie zurückkehrt.
Auch im Everestbasislager warteten Mann und Kinder auf sie, hatten jede Menge Spaß mit den Sherpa und fuhren dann zusammen mit ihr wieder nach Hause. Obwohl keins der Kinder Höhenprobleme hatte, griffen die Medien die Familie an. Abgesehen von der öffentlich ausgetragenen Kritik, hatte Hargreaves aber auch noch andere Sorgen. Sie sehnte sich nach ihren Kindern. »Ich liebe das Leben so sehr, daß ich die Risiken so gering wie möglich halte«, war ihr Grundsatz. Sie stieg allein auf, weil ihr das die sicherste Methode schien, ganz nach ihrem Rhythmus und nach ihrem eigenen Gutdünken zu gehen oder umzukehren. Tatsächlich war sie im Jahr zuvor fünfhundert Meter unter dem Everestgipfel umgekehrt, weil ihr das Weitergehen zu riskant erschien. Zurück vom erfolgreichen Everestaufstieg, zog sie sich mit ihren Kindern in den Wohnwagen einer

Freundin an der schottischen Küste zurück, um ungestört Zeit mit ihnen verbringen zu können. Aber sie war eine Bergsteigerin mit allen Fasern ihres Herzens und Kinder »können ganz schön an einem zerren«.

»I've got an ego as big as Mount Everest«, verkündete sie bei einer Pressekonferenz im Ben Nevis Ski Resort in Schottland, mein Ego ist so groß wie der Everest. »Es ist immer noch sehr ungewöhnlich«, sagte der Everestbegeher Stephen Venables über Hargreaves, »eine Frau so offen ehrgeizig zu sehen, wie das sonst nur Männer sind.« Und so brach sie schon ein halbes Jahr später zum K2 auf, um ihrem Traum – drei Achttausender in einem Jahr – näherzukommen. Diesmal fuhren die Kinder nicht mit, denn Tom ging in die Vorschule, und die Eltern waren sich einig, daß es besser sei, ihn da nicht herauszureißen. Alison, die in ihrem Buch »A Hard Day's Summer« über die Begehung der »Big Six« ihre Kinder kaum erwähnt, vermißt sie jetzt, weil sie nicht in der Nähe sind, schmerzlich. Sie schickt ein Bild nach Hause, auf dem alle Stationen zum K2 eingezeichnet sind. Aus ihren Tagebuchaufzeichnungen wird klar, daß sie eigentlich umkehren will, aber daß sie nicht weiß, wie sie das »zu Hause« erklären soll – und damit sind sicher nicht die Kinder gemeint. Eher schon die Presse, die sie nach ihrer geglückten Everestbesteigung ohne Sherpa und ohne Sauerstoff virtuos für sich benutzt hat, die jetzt aber auch zu einer Belastung für sie wird.

Sie will die erste Frau werden, die die drei höchsten Achttausender in einem Jahr besteigt. Die italienische Presse nennt Hargreaves »figlia del vento«, Tochter des

Windes, und lobt ihre wahrlich alpine Art zu klettern: »Sie trägt alles selbst«, schreibt »Alp«, »sie läßt sich nicht helfen, und wenn sie in einem anderen Zelt einen Besuch macht, nimmt sie dort nichts zu trinken an, sondern bringt ihren eigenen Tee mit, um die anderen nicht zu belasten.«

James Ballard veröffentlicht in seinem Buch »One and Two Halves to K2« Tagebuchauszüge seiner Frau, in denen ihre Sehnsucht und ihre Zweifel offenkundig werden: »Ich vermisse Tom und Katie wirklich sehr … Ich würde so gern auf dem Gipfel des K2 stehen, aber es wäre so wunderbar, sie in den Armen zu halten und das Leben zusammen zu genießen. Möge Gott sie schützen, bewahren und glücklich machen, solange ich fort bin.« Am 3. Juli schreibt sie: »Ich habe Tom und Katie heute so vermißt, vermutlich, weil ich Zeit hatte, über sie nachzudenken.« Sie träumt im kargen, menschenfeindlichen Basislager von dem Haus, in dem sie früher mit ihrer Familie lebte, vom Gärtnern und von Wanderungen mit den Kindern. Am 11. Juli spricht sie mit ihrem Mann über Satellitentelefon und sehnt sich danach, ihre Kinder im Arm zu halten. Ihre Gedanken gehen nach Schottland, zu ihrem neuen Zuhause, das sie für die Familie gekauft hat, und sie sehnt sich nach dem ruhigen Leben zu Hause. Die Warterei im Basislager zermürbt sie. »Sie sind so jung, die Zeit verfliegt. Ich möchte … ich spüre … ich sollte wirklich bei ihnen sein.«

Sie ist mental und körperlich erschöpft und bereit, den K2 aufzugeben. »Aber ich fühle den Druck zu Hause«, meint sie und weiß nicht, wie sie allen erklären soll,

»warum ich versagt habe – was schiefgegangen ist«. Am 8. August soll sie ihren Rückflug nach Hause antreten, aber sie ist nicht im Flugzeug. Sie kann nicht aufgeben. So stark ihre Sehnsucht nach ihren Kindern, nach ihrer Familie ist – der Berg ist stärker. Am 13. August 1995 steht sie auf dem Gipfel des K2, zusammen mit fünf Mitgliedern ihrer Expedition. Peter Hillary, der Sohn des Everesterstbegehers Sir Edmund Hillary, der umgekehrt ist, weil er eine Wetterverschlechterung vermutete, wird sie später heftig kritisieren und »Gipfelfieber« diagnostizieren. In der Presse wird sie nicht so sehr kritisiert, weil sie als Bergsteigerin, sondern weil sie als Mutter »versagt« hat. Hillary beschreibt sie als »besessene Bergsteigerin«. Der pakistanische Verbindungsoffizier erklärte der Presse: »Es war Selbstmord [einen dritten Gipfelversuch zu machen], und ich sagte ihr das.« Aber einer der Teammitglieder von Hargreaves' Expedition sagte: »Ihre Entscheidung war völlig in Ordnung. In einem Moment war alles gut, und im nächsten war es plötzlich sehr gefährlich.«
Alison Hargreaves wollte als Bergsteigerin für ihre Familie sorgen, von ihren Einnahmen kaufte sie ein Haus und finanzierte den Unterhalt für die Familie. »Sie sah die Vorteile, die es brachte, daß sie eine Frau und Mutter war«, schreibt Joe Simpson, »und sie entschied sich dafür, so für sich zu werben. Zweifellos gab es einen Druck von den Sponsoren, aber es schien nicht so, als habe sie damit nicht umgehen können. Sie verleugnete ihre Ambitionen nicht, betonte ihren Wunsch, die Zukunft ihrer Kinder zu sichern.«

Daß Ballard später ihren Tod mit ähnlichen Motiven ausschlachtet, in Anwesenheit der geschockten Kinder ihren letzten Brief bei einer Pressekonferenz vorliest und mit ihnen und einem BBC-Fernsehteam schließlich zu »Mum's last mountain«, zum letzten Berg der Mutter, reist, um gemeinsam mit den Kindern von ihr Abschied zu nehmen, wirft die Frage auf: Was machen eigentlich Familien, die keine spektakulären Bergerlebnisse zur Finanzierung ihres Lebens haben?

»Beim Abschied fiel es mir nicht ganz leicht«, sagt Gaby Hupfauer von der Expedition zu ihrem ersten Achttausender. Sie fuhr mit ihrem Mann und Bergpartner und ließ die fünfzehnjährige Tochter Silke in bester Obhut bei ihrer Mutter zurück.
Sie selbst ging schon mit zehn Jahren mit ihren Eltern auf den Großvenediger, »immerhin auch dreitausend Meter hoch. Wir waren eine Arbeiterfamilie, hatten nicht viel Geld, es reichte halt nur für einen Bergurlaub im Jahr. Unsere Ausrüstung war schlecht, und ich hatte bald nasse, eisige Füße. Der Vater zog mir die Schuhe aus und massierte mir die Füße.« Vor dem Gipfelgrat ließen die Eltern das Kind zurück, seilten sich an und begannen den Gipfelaufstieg. »Du bleibst hier«, schärfte der Vater seiner Tochter ein. Die dachte gar nicht dran. Warum sollte sie da nicht hinauf? »Denen steigst du nach«, dachte sie sich. Gaby lief hinter den Eltern her, ohne Seil, und kam zur selben Zeit wie sie auf dem Gipfel an. Als der Vater sich umdrehte und sie sah, »gab er mir eine schallende Ohrfeige, ich hatte gedacht, daß

er mich jetzt lobt!« lacht sie. Einmal stürzte sie auf einer Sektionstour (»ich hatte die Anweisungen des Vaters nicht befolgt«) und zerschnitt sich die Hand, die sie dann im Handschuh versteckte, damit sie nicht zurückgeschickt wurde. Gaby Hupfauer war bald eine eigenwillige, mutige, ausdauernde Bergsteigerin und Kletterin. Mit fünfzehn Jahren machte sie einen Kletterkurs, und ihr zweites Zuhause wurde für die nächsten Jahre der Klettergarten im Blautal. »Mädchen wurden damals von der Jungmannschaft der DAV-Sektion nicht aufgenommen«, erzählt sie. »Wieso? Starke Mädchen kletterten den jungen Burschen vielleicht zu gut, und das durfte zu dieser Zeit einfach nicht sein.« Sie verliebte sich in Sigi Hupfauer, »weil er so toll klettern konnte, das war mir wichtiger, begeisterte mich«. Sie verehrte Hermann Buhl und las immer wieder sein Buch »8000 Meter drüber und drunter«. Wer aber glaubt, sie sei immer nur hinter ihrem Mann hergerannt, täuscht sich. Sie hatte aus eigenem Antrieb, aus Liebe zu den Bergen angefangen und ging zwar, seit sie Sigi kennengelernt hatte, keine Tour ohne ihn, aber sie ging auf ihre Weise und oft als Einzelgängerin innerhalb einer Gruppe, die ihr Mann führte. Am Anfang ihrer Ehe mußte sie zu Hause bleiben, während ihr Mann eine Expedition nach der anderen unternahm. Der Nanga Parbat, Hermann Buhls Berg, wurde ihr Traumberg. Drei Versuche machte ihr Mann Sigi am »deutschen Schicksalsberg«, Gaby war nie dabei. Aber im Gegensatz zu Hermann Buhls Frau Generl, die zugunsten ihrer Kinder auf die Berge verzichtete, hing Gaby Hupfauer zu sehr an den Bergen, um sie sich aus dem Kopf zu schlagen. Beleidigungen und Demütigungen steckte sie weg. Dazu kam noch die Kritik an der »Rabenmutter«, die ihre kleine Tochter »allein« ließ, um auf Achttausender zu steigen. Ihr wurde sogar vorgeworfen, daß sie zur Geburt ihres Enkels nicht bei ihrer Tochter, sondern in den Bergen war. Silke folgte ihren Eltern zwar in die Berge, wurde eine sehr gute Kletterin, aber als ihr Verlobter im Himalaya von einer Lawine getötet wurde, mochte sie nicht mehr in die Berge gehen.

Ich muß gestehen, als mir Gaby Hupfauer die Tür öffnete, dachte ich, wenn wir jetzt einen Wettlauf machen würden, wer würde den wohl gewinnen? Nach unserem Gespräch war ich froh, daß sie mich nicht zu einem Wettlauf herausforderte. Sie trainiert für hohe Berge, indem sie mit Skiern auf dem Rucksack einen Berg hinauf und wieder hinunter geht. Sie läuft (nein, sie geht nicht, sie läuft) auf Berge hinauf und hinunter. Sie hält im Winter Schneebälle in den Händen, um die Hände abzuhärten, das hat sie von ihrem Idol Hermann Buhl gelernt. »Man muß sich schon schinden«, gibt sie zu, »das wollen viele Frauen nicht. Mir gefiel das Training auch nicht immer. Denn es war oft schon schwierig, speziell vor einer großen Expedition, Beruf, Mutterpflichten, Haus- und Gartenarbeiten, Expeditionssekretärin und noch dazu Trainingspartnerin eines Bergführers zu sein, und das alles in eine Reihe zu bringen. Männer haben es da schon besser, sie nehmen sich ihre Zeit zum Bergsteigen und Training. Doch Bergsteigen ist die schönste Sache, die es gibt, und ich kann es mit meinem Mann zusammen machen. Je nach der gewählten Spielart des Bergsteigens, von der Jugend bis ins hohe Alter. Es gibt fast keine andere Sportart, wo das so schön möglich ist ... Wenn einer Rennfahrer ist, dreht er halt immer seine Runden allein. In der Leichtathletik kämpft jeder für sich. Aber beim Bergsteigen kann man zusammensein«, schwärmt sie. 1984 stieg sie mit ihrem Mann in Zweierseilschaft auf zwei Gipfel in Rußland. Als sie 1986 mit ihrem Mann und zwei Freunden auf den Broad Peak, ihren ersten Achttausender, ging, hatte sie keine Sponsoren. »Wir haben uns ein paar Lebensmittel zusammengebettelt, aber so blieben wir frei. Ich mußte nicht da rauf, weil ich irgendwelche Verpflichtungen eingegangen bin. Dadurch waren wir am Berg viel lockerer. Ich hätte auch umkehren können. Das muß ich nur mir selbst gegenüber verantworten.« So erfolgreich war ihre Strategie, daß sie schon zehn Monate später den zweiten Achttausender, den Gasherbrum II, »nur zehn Tage nach Erreichen des Basislagers« besteigen konnte. »Was will denn die Kleine«, hieß es oft, »aber ich sage: Am Schluß rechnen wir ab. Und am Schluß war ich halt immer auf dem Gipfel. Da stinken mir Männer manchmal schon gewaltig.«

»Da wir auf unseren privat organisierten Expeditionen immer mal zwei rechnen mußten«, erzählt sie, »konnten wir uns keinen Luxus leisten. Wir kalkulierten alles sehr genau, von der Ausrüstung bis zur Verpflegung, von den Flügen bis zu den einheimischen Portern. Am Berg trugen wir unsere Ausrüstung selbst und legten

uns einen genauen Aufstiegsplan mit weniger Hochlagern als normal fest. Nur so konnten wir als Zweierteam Erfolg haben. Zudem hat sich heute gegenüber meinen Anfängen vor mehr als zwanzig Jahren sowieso sehr viel geändert! Manches auch negativ! Die Verpflegung auf den Touren damals, einfachst, oft tagelang nur rübenblätterähnliches Gemüse und Reis! Heute wird gemeckert, wenn der Apfelkuchen nicht immer zum rechten Zeitpunkt vorhanden ist. Ich bin glücklich, die Achttausendergipfel schon zu der Zeit bestiegen zu haben, wo noch meist privat organisierte Teams an den Weltbergen unterwegs waren.« Doch um öfter in den Bergen der Welt unterwegs zu sein, begleitete sie ihren Mann Sigi – Bergführer aus Leidenschaft – auch auf von ihm geführten Trekkingtouren und Expeditionen. Der Kostenfaktor spielte dabei auch eine wesentliche Rolle. »Oft mußte ich mich dabei gegenüber den anderen Teilnehmern einschränken, wenn irgend etwas knapp wurde, obwohl auch ich bezahlt hatte. Das wurde von der Frau des Expeditionsleiters schon erwartet!«
Was gibt es ihr, sich derart zu schinden? »Ich gehe gern an meine Grenzen, ich mache es mit dem Willen, und es gibt mir ein Glücksgefühl, wenn ich es dann schaffe.« Andererseits kennt sie keine »Niederlage«. »Was heißt denn schon Niederlage, das ist blödes Gerede«, sagt sie fast wütend. »Am Makalu war Umkehren und Weiterleben für mich keine Niederlage! Die Erfahrung war viel wert. Außerdem ist es immer ein Gewinn für mich, in den Bergen zu sein.« Nein, vom Ehrgeiz zerfressen ist diese Frau wirklich nicht.

Auf ihrer allerersten Extrembergtour auf den Aconcagua in Argentinien hatte sie Akklimatisierungsprobleme in Form starker Magenbeschwerden. Die Erkenntnisse der Höhenmedizin waren noch nicht so gut wie heute. Sie aß und trank drei Tage überhaupt nichts, ließ sich in ihrer Haltung nicht beirren und erreichte den Gipfel. »Ich wußte, daß ich es schaffen konnte. Ich ließ mir von den anderen nichts einreden.« Sie erreichte tatsächlich den Gipfel mit drei anderen Expeditionsteilnehmern. Man sieht dieser Frau an, daß sie wirklich zu allem fähig ist, und wenn sie sich zurückhält, ist es wohl allein ihrer Bescheidenheit und Fairneß zu verdanken, nicht etwa ihrer Schwäche. Daß auf hohen Bergen immer wieder Menschen sterben, bedrückt sie schon sehr. »Aber im Verkehr sterben ja auch viele, und trotzdem steigt man wieder ins Auto.« Wütend kann sie werden, wenn über den Tod am Berg so locker berichtet wird. Sehr aufgebracht war sie über die Berichterstattung nach der Tragödie am K2, die sie in unmittelbarer Nähe selbst miterlebt hatte. Kurt Diemberger hielt beim DAV-Summit-Club-Treffen in Berchtesgaden einen Vortrag über die fatale Expedition, mit einigen Ungeheuerlichkeiten, die sie sehr erschütterten. »Ich hielt meinen Vortrag über die Besteigung des Broad Peak und Gasherbrum II nach Diemberger. Bei Vortragsbeginn zitterte ich vor Wut. Ich ging sehr emotionsgeladen auf die Ungeheuerlichkeiten Diembergers ein. Einige Leute standen auf und klatschten, während ich sprach. Es war mein bester Vortrag. Ich habe prompt reagiert und aus der Erregung heraus meine Angst vor dem Sprechen verloren. Es wa-

ren sehr starke Frauen am K2 unterwegs, die diese so erfolgte Berichterstattung nicht verdient hatten.«
Für Gaby Hupfauer ist es absolut nicht selbstverständlich, daß Höhenbergsteigen mit Verstümmelung oder Tod enden muß. Wer gut trainiert ist und die Berge kennt, wer sich wie sie »langsam hochgearbeitet hat, von niedrigen Bergen auf fünftausend, sechstausend, siebentausend Meter«, geht kein unnötiges Risiko ein und kennt sich mit sich und den Bergen aus. Sie wußte bisher immer, wann es Zeit ist, umzukehren.
Für Gaby Hupfauer ist die Großartigkeit der noch naturbelassenen Bergwelt, die Schönheit der Natur genauso wichtig wie die Leistung. Von einigen Himalayatouren brachte sie der Himalayachronistin Elizabeth Hawley getrocknete Bergblumen nach Kathmandu. »Sie geht ja selbst nie an die hohen Berge, und ich wollte ihr damit nur etwas von der Faszination dieser Regionen mit ins Tal bringen.«
»Die Zeit der höchsten Gipfel ist vorbei, weil man sich einfach der biologischen Lebenskurve anpassen muß, aber dafür gibt es noch so viele schöne Plätze auf der Welt, die ich noch sehen möchte. Ich könnte mir sogar vorstellen, eine längere Zeit in Nepal oder Südamerika zu leben, um an irgendeinem sozialen Projekt mitzuarbeiten, wenn ich mal in Rente bin«, sagt sie. Und sie träumt von Reisen nach Patagonien oder Grönland, natürlich immer der Berge wegen.

Gemeinsam sind wir unausstehlich!

»Es sollte eine meiner lustigsten Expeditionen sein«, schwärmte Wanda Rutkiewicz von der Frauenexpedition 1989 zum Gasherbrum II. Die Leiterin Brede Arkless war nach Aussagen einiger Teilnehmerinnen eine unkonventionelle Person mit acht Kindern von zwei verschiedenen Männern. Bergsteigen war ihr wichtig, aber nicht das einzige im Leben. Die Frauen der Expedition alberten herum und hatten viel Spaß, wenn es offenbar auch immer etwas nervig war, die Anmache der Träger abzuwehren. Das Harmloseste waren dabei noch die zahlreichen Heiratsanträge. Julie Tullis, die die polnische Frauenexpedition von Wanda Rutkiewicz im Basislager des K2 beobachtete, bemerkte in ihrem Tagebuch: »Feministische Gruppen sind nicht mein Ding, obwohl die Spaß zu haben scheinen.«
Daß Frauen in Männerexpeditionen mitgehen, ist mittlerweile schon ganz normal. Wenn sie aber Frauenexpeditionen ausrichten, wird das auch heute nicht selten als feministische Attacke gewertet. Wo Frauen ihren eigenen Raum einnehmen, fühlen sich Männer oft schon angegriffen. »›Was ist los mit dir, bist du frigide?‹ fragte mich mal ein Kletterer auf einer Hütte«, sagt Brenda

Rigg, eine amerikanische Bergsteigerin. Für Sherpa, Träger, Sirdar und Verbindungsoffiziere ist ein Frauenteam auch eine Herausforderung. »Women alone is not natural«, meinte Paka, ein Sirdar (Bergführer) bei einem Gespräch in der Mountain View Lodge von Thyangboche. Was daran nicht natürlich sein soll, da in den Bergen aus Rücksicht auf die Göttinnen und Götter sowieso kein Geschlechtsverkehr stattfinden darf, ist mir allerdings nicht ganz klar.

Starke Frauen sind in den Bergen der Welt keine Seltenheit, ja, Frauen müssen geradezu stark sein, um die harten Lebensbedingungen dort ertragen zu können. Sowohl Sherpani in Nepal als auch Tibeterinnen, Hüttenwirtinnen und Sennerinnen haben »die Hosen an«, sie treffen wichtige Entscheidungen, tragen schwerste Lasten und arbeiten hart. Deshalb haben die Bewohner der Berge mit Bergsteigerinnen auch selten Probleme. Aber Frauengruppen sind noch einmal etwas anderes. Der Mittelpunkt der Gruppe muß ein Mann sein. Eine Frauenexpedition bricht diesen männerzentrierten Rahmen zumindest für die Zeit der Tour auf. Frauen haben Spaß zusammen, steigen zusammen auf Berge, helfen sich gegenseitig, stehen gemeinsam Gefahren durch, kein starker Mann hilft, sie vermissen ihn nicht einmal. »Wenn kein Mann dabei ist, wird viel mehr gelacht«, sagt Brenda Rigg. Da fragt sich natürlich so mancher Mann beunruhigt: Wo soll das hinführen?
Haben Männer so wenig Selbstvertrauen, fühlen sie sich etwa schon so überflüssig, daß sie nicht glauben kön-

nen, auch von starken unabhängigen Frauen noch geliebt zu werden?
Die bequemen Zeiten, in denen Frauen kritiklos noch zum egoistischsten Macho aufschauten, gehen jedenfalls unwiderruflich zu Ende. Nicht nur Bergsteiger und Kletterer werden sich umstellen, werden sich ändern müssen. Der Mikrokosmos eines Basislagers spiegelt den Makrokosmos der menschlichen Gesellschaft mit all ihren Problemen. Und da verhalten Männer sich eben oft wie Paschas, herrschsüchtige Kommandanten, anzügliche Chauvinisten, hirnlose Westentaschendiktatoren oder unselbständige Babys, die sich versorgen und verwöhnen lassen – eine Mehrbelastung für Bergsteigerinnen, die dann beim Aufstieg denselben Schwierigkeiten und Gefahren ausgesetzt sind, aber vielleicht nicht mehr genug Kraft haben. Kein Wunder, daß Frauen immer wieder versucht haben, gemeinsam mit anderen Frauen auf einen Berg zu gehen und die lustige, unbeschwerte Gemeinschaft des gleichen Geschlechts zu suchen.

1929 schon führt Miriam O'Brian die erste Frauenseilschaft auf den Grépon. Und da es in Amerika, England, Schottland, Wales und der Schweiz alpine Frauenclubs gibt, werden Frauenseilschaften schon bald häufiger. Als 1950 Claude Kogan und Nicole Leininger als Frauenseilschaft auf den 6900 Meter hohen Quitarju in den peruanischen Anden steigen, gibt es viele böse Bemerkungen bis hin zu Prophezeiungen, daß sie wohl nicht wieder zurückkehren würden. Die Tour verläuft erfolg-

reich, die beiden Frauen kommen wohlbehalten wieder nach Hause.
Vier Jahre vorher waren Frauen des Ladies Scottish Climbing Club als Frauenexpedition zum Jugal Himal aufgebrochen. Gut gelaunt zeigte die Expeditionsleiterin Monica Jackson ihre Fotos bei einem Treffen mit den Frauen des Pinnacle Clubs. Sie schrieb später über ihre Erlebnisse mit Evelyne Camrass und Betty Stark im Himalaya das Buch »Tent in the Clouds«, Koautorin war Betty Stark. Die Frauen beeindruckten das Publikum derart, daß das Buch bald in eine zweite Auflage ging. Einerseits freute sich Monica Jackson, daß die drei Frauen zu Pionierinnen »in mehr als einer Hinsicht« geworden waren, andererseits mußte sie schnell feststellen, daß sie auch »heftigen Vorurteilen ausgesetzt waren«. Ihr Beispiel machte Schule.
1956 folgten die Frauen des Pinnacle Clubs zum Himalaya, 1959 führte Claude Kogan, die in den fünfziger Jahren als beste Bergsteigerin der Welt galt, die erste Frauenexpedition zum Cho Oyu durch. Kogans Unternehmen hatte kein Glück. Zuerst würzte ein Sherpa ein Reisgericht versehentlich mit Jodtinktur anstatt mit Sojasoße, und alle bekamen schrecklichen Durchfall. Dann stieg die erste Gruppe zum Hochlager auf. »In der Nacht hörten wir eine Lawine runtergehen, aber wir dachten uns nichts, weil dauernd welche kamen«, erzählte Dorothy Gravina, die von sich sagte, sie wollte einfach immer und überall ganz hinaufsteigen. »Aber am nächsten Morgen war ich etwas unruhig weil das Wetter so schlecht war, ich schickte also einen Sherpa

mit einer Nachricht für Claude hinauf, in der ich sie bat umzukehren, bis das Wetter besser war. Aber von ihrem Lagen war nichts mehr übrig, absolut nichts.« Claude Kogan, Claudine van der Stratten und Ang Norbu waren von der Lawine mitgerissen und getötet worden. »Ich mußte die Leitung der Expedition übernehmen, und weil alle so deprimiert waren, beschlossen wir, abzusteigen. Diese Entscheidung habe ich seitdem immer bedauert. Wir hätten die Toten besser geehrt, indem wir für sie auf den Gipfel gestiegen wären.«
Die darauffolgenden Diskussionen in Bergsteigerkreisen drehten sich hauptsächlich um die Frage, ob Frauen in der Lage sind, »allein«, ohne die Hilfe von Männern, eine Expedition durchzuführen. Daß auch Männer von Lawinen verschüttet und getötet wurden, spielte bei diesen Attacken gegen das Frauenbergsteigen keine Rolle.

Arlene Blum hatte 1969 einen guten Grund, eine Frauenexpedition ins Auge zu fassen. Sie wollte an einer Expedition in Afganistan teilnehmen und erhielt eine Absage mit folgender Begründung: »Eine Frau und neun Männer scheint mir im offenen Eis unerfreulich zu sein, nicht nur in Situationen des Sich-Erleichterns, sondern auch, weil es die männliche Kameradschaft stört, die so ein wichtiger Teil der Freude an einer Expedition ist.«
Als Blum sich im selben Jahr auf einer Bergtour zum Mount Waddington in British Columbia sagen lassen mußte, daß es keine guten Bergsteigerinnen gebe, die auch gleichzeitig gute Frauen seien, hatte sie die Nase

voll und begann, über eine eigene Frauenexpedition nachzudenken.
Der Große Vorsitzende Mao Tse-tung scheint zu der Zeit einer der wenigen Männer gewesen zu sein, die kein Problem zwischen Bergen und Frauen sahen: »Die Zeiten haben sich geändert, und heute sind Männer und Frauen gleich. Was Genossen erreichen können, können auch Genossinnen erreichen.« Er hatte guten Grund, das zu sagen, denn gerade (1975) hatte die Tibeterin Phantog, die Mao selbstverständlich als Chinesin ansah, den Everest bestiegen.
Arlene Blum hielt es mit Mrs. Cole, die in ihrem Buch »A Lady's Tour around Mount Rosa« 1859 versicherte, jede aktive Dame mit guter Gesundheit könne »eine Tour wagen und würde dabei entzückt sein«.
Als Arlene Blum Wanda Rutkiewicz und Alison Chadwick-Onyszkiewicz im Noshaq-Basislager in Afganistan traf, begannen die drei, von einer Frauenexpedition zur Annapurna zu träumen. Im August 1978 wurde der Traum Wirklichkeit: Arlene stellte die erste Frauenexpedition zur Annapurna unter großen Schwierigkeiten auf die Beine. Dreizehn Frauen waren auf dem Weg nach Nepal, sie hatten achtzigtausend Dollar lockergemacht. Die Frauentour zum Mount McKinley im Jahr zuvor hatte Arlene Blum Mut gemacht. Sie war »eine wunderbar leichte Erfahrung« für Blum gewesen und machte ihr Mut für größere Ziele. »Wir fühlten uns, als hätten wir unseren Berg ohne die Erwachsenen erklettert«, schreibt sie.
Auf dem Weg zum Basislager begegnete die Gruppe der

Frauen einem einzelnen Bergsteiger. »Seid ihr allein?« fragte der.

Die Frauen waren sehr unterschiedlich, von Anfang an gab es immer wieder kleine Reibereien, die allerdings nie das Unternehmen gefährdeten. Arlene Blum war keine autoritäre Anführerin, und sie fragte sie, was diese zehn willensstarken Spitzenbergsteigerinnen wohl von ihr erwarteten. Die Antwort ließ nicht auf sich warten: »Wir wollen eine starke und entschlußfreudige Expeditionsleiterin, die alle wichtigen Entscheidungen mit uns zusammen fällt.«

Aber während sich die Frauen in ihrer Individualität akzeptierten und die Hindernisse beseitigten, die sich auftaten, entpuppten sich die Sherpa als Problem. Zuerst verlangten die Sherpani das doppelte Geld. Sie drohten, abzusteigen, wenn ihre Forderungen nicht erfüllt würden. Kaum war dieser Konflikt gelöst, streikten die Sherpa. »Equipment is very bad, food is very bad, members are very bad«, faßte einer die Situation zusammen. Offenbar hatte er kein bißchen Achtung vor den Frauen. Fünf Sherpa ließen die Expedition im Stich: »See you in Kathmandu.« Ein Lawinenabgang drohte der Expedition ein frühes Ende zu setzen: »Der erste Vorläufer der Lawine hebt mich hoch und schleudert mich durch die Luft, ein Sturm von hundertzwanzig Stundenkilometer Stärke wirbelt Schnee und Eis auf. Wie durch ein Wunder ist mein Hut noch auf meinem Kopf, ich reiße ihn runter und halte ihn mir vors Gesicht, um durch den Stoff zu atmen. Überall, wo die Haut exponiert ist, wird sie vom Eis aufgerieben und tut höllisch weh, aber ich

atme einfach weiter«, beschreibt ein Mitglied der Expedition das Erlebnis.
Die Frauen organisierten ihre Hochlager selbst, und jede trug an die zwanzig Kilo zu den einzelnen Lagern. Beim Abstieg schleppte Christy Tews sogar vierzig Kilo vom Lager II zum Basislager hinunter. Die Augenchirurgin Piro Kramer, die in der ersten Gipfelgruppe ging, erfror sich beim Aufstieg einige Finger und kehrte um. »Als Chirurgin hing meine Zukunft von meinen Händen ab.« Irene Miller und Vera Kamarkova erreichten den Gipfel. Vera Watson und Alison Chadwick-Onyszkiewicz stürzten beim Gipfelaufstieg ab und starben. Margi Russmore, die sich einige Zehen erfroren hatte, Irene Miller und Christy Tews umarmten Arlene, alle weinten. »Du hast deine Sache gut gemacht«, tröstete Margi Arlene Blum. »A woman's place is on the top« steht auf dem T-Shirt, das alle Frauen bei der Abschiedsfeier trugen.

Mit demselben Slogan wirbt Gertrude Reinisch 1994 für ihre Wanda-Rutkiewicz-Gedächtnis-Expedition zur Shisha Pangma, um Teilnehmerinnen, Sponsoren und Filmaufträge zu finden. Die Sache läßt sich gut an, der ORF steigt ein, was allerdings bedeutet, daß Männer die Frauengruppe begleiten werden, insgesamt dreiundzwanzig Männer, einundzwanzig Frauen und zwei Fahrer brechen zum Basislager auf. Das Shisha-Pangma-Basislager ist eins der schönsten im Himalaya, denn meistens sind Basislager depressive Ansammlungen von Zelten in Eis und Fels mit Müllhalden rundherum, während hier eine entrückte, bezaubernde Landschaft das Auge erfreut. Dennoch kommt es bald zu Spannungen und Streitereien. Schneesturm, die Flucht zweier Sherpa und der Sturz von Anneliese Scharbl in eine Gletscherspalte machen der Expeditionsleiterin Gertie Reinisch Sorgen, aber die Frauen, die zum Gipfel wollen, lassen sich auch durch schlechte Stimmungen und Krisen nicht beirren. Reinischs Expeditionsbericht läßt vermuten, daß Frauen ihre Probleme einfach schneller auf den Tisch bringen, alles aussprechen und Gefühle nicht einfach verdrängen, was allerdings manchmal zu recht mühsamen Auseinandersetzungen führt. Als die Zeit knapp wird, fangen die Männer an mitzureden. »Naz versucht, eine Gipfelstrategie mit uns zu entwickeln.« Das wirkt auf mich wie das Gegenteil des Ausspruchs von Arlene Blum: »Wir fühlten uns, als hätten wir den Berg ohne Erwachsene erklettert.« Hier greifen die »Erwachsenen« mehr und mehr ins Geschehen ein.

Sybille Hechtel bringt zusätzliche Probleme, weil sie sich nicht an die Vereinbarungen hält und noch einmal einen Gipfelversuch macht. Sie will mit der kanadischen Expedition gehen. »Damit bist du nicht mehr Mitglied unserer Expedition«, antwortet ihr Reinisch. »Wir haben nichts mehr mit dir zu tun!« Ewa Pankiewicz, Wanda Rutkiewicz' Lieblingspartnerin in den Bergen, erreicht ebenso wie Edith Bolda den Gipfel. In die Begeisterung über den Erfolg mischt sich der Ärger über Sibylle Hechtel, die schließlich, von der Kälte erschöpft, allein eintrifft. Alle sind sauer auf sie. Die Bemerkung von Irmgard Schuster, der Gruppenleiterin, über Sibylle

Hechtel zeigt, daß Frauen wohl mit Männerexpeditionen gleichgezogen haben, was Ehrgeiz und schlechte Stimmung betrifft: »Sie ist eine ungeheuer ehrgeizige Leistungssportlerin, die in ihrer Gier, ein Ziel zu erreichen, die Umgebung nicht mehr sieht. Wenn man ihr dann erklärt, was sie zu tun hat, macht sie das auch, nur kann es ungeheuer anstrengend werden, wenn man ihr alles sagen muß.«

Wanda Rutkiewicz hat dieses Problem nach ihrer Everestbesteigung so formuliert: »Wer glaubt, daß man in den Bergen den alltäglichen Problemen entkommen könnte, versteht nicht viel davon … Aggressionen existieren überall, bei schwierigen Expeditionen eskalieren sie.«

Einsame Wölfinnen auf hohen Bergen

Unkameradschaftlich. Egoistisch. Vom Ehrgeiz zerfressen. Verbiestert. Krankhaft erfolgssüchtig. Verlogen. Süchtig nach Selbstbestätigung. Keine richtige Frau – all diese Aussagen habe ich bei Bergsteigern und Bergsteigerinnen über Frauen gesammelt, die allein gehen, die sich gelegentlich zwar Expeditionen anschließen, aber immer ihr eigenes Ding drehen.

Vielleicht sind einsame Wölfinnen auf hohen Bergen ehrgeizig und erfolgssüchtig. Andererseits nähern sie sich damit wohl dem Verhalten von Männern auf hohen Bergen am meisten, denn sie wollen nichts anderes als das, was auch Messner, Diemberger, Buhl oder Scott Fischer wollten: öffentliche Anerkennung. Sie wollen Stars der Berge sein. Das haben ihre Kollegen aber nicht so gern, die zwar die Gesellschaft von Frauen genießen, wenn sie ihnen zugute kommt, den Ruhm aber holen sie sich schon gern selbst ab, und sie lieben es offensichtlich nicht, wenn ihnen eine Frau die Show stiehlt. Solche Frauen gibt es. Nicht alle arbeiten mit den ehrenvollen Mitteln, die als eherne Werte in den diversen Alpenvereinen gelten (und von den meisten erfolgsorientierten Bergsteigern auch nicht eingehalten werden). Lügen und Betrug sind die Grundlage spektakulärer Zeitungs- und Fernsehberichte, nicht nur übers Extrembergsteigen. Die Wahrheit interessiert doch schon lange niemanden mehr, Hauptsache, die Geschichte klingt gut. Und seit Expeditionsmitglieder auf Basislagern mit Computer, Satellitentelefon, digitaler Kamera und Photoshopequipment Menschen auf Gipfel montieren können, ohne daß denen dabei die Luft ausgeht, seit in Sekundenschnelle über Satellit wahre oder erfundene Geschichten mit wahren oder gefälschten Beweisen in Redaktionen gebeamt werden können, hören sich Messners Schreie gegen die neue Zeit wie rührselige Klagen eines Fossils aus vergangenen Tagen an.

Zwei rote Tücher gibt es, die einen wackeren Bergsteiger auf die Palme bringen: Eins – das »Entweihen« von erhabenen Gipfeln durch den Pöbel – entdeckte ein Fernsehsender und legte damit Reinhold Messner rein: ein Kiosk wurde per Hubschrauber auf den Gipfel des Montblancs gestellt, in dem ein hemdsärmeliger, scheinbar angeheiterter Wirt Schokolade, Bier und Zigaretten verkaufte, just als Reinhold Messner über die Kante auf den Gipfel kletterte. Erwartungsgemäß flippte er aus und verstand erst mal keinen Spaß.

Das andere ist die Provokation in Form einer geltungssüchtigen Frau, wie sie zum Beispiel Ende der achtziger Jahre in der Gestalt von Reinhilde Natterer im Medienlabyrinth auftauchte. Natterer, Kletterin, im Allgäu aufgewachsen, von Kindheit an im Gebirge unterwegs, wollte auf den Everest. Sie wollte berühmt werden. Sie wollte ganz oben sein. Die Naivität, mit der sie es an-

fing, stellte ihr selbst ein Bein. Ein Permit für den Everest wird nun mal nicht »im letzten Moment verweigert«, sondern muß jahrelang vorher beantragt und, was viel wichtiger ist, bezahlt werden. Dann ist es egal, ob eine Frau oder ein Mann die Gipfelerlaubnis beantragt hat, da ist die nepalische Regierung ganz emanzipatorisch. Nicht ihr als Frau wurde da etwas verweigert, sondern sie glaubte, sich nicht an die Spielregeln halten zu müssen, was ihr viel berechtigte Kritik eintrug, aber niemandem das Recht gibt, sie als schlechte Kletterin zu bezeichnen, die sie vermutlich nicht ist.
Warum fällt es uns bei Frauen so viel deutlicher auf, daß Ehrgeiz und die Sucht nach öffentlicher Anerkennung schrecklich peinlich sein können? Vielleicht, weil wir es genießen wollen, daß Frauen »so was nicht nötig haben«. Haben sie aber, einige zumindestens. Gleichheit zwischen Männern und Frauen heißt nicht, daß Frauen besser sind als Männer, daß sie weicher, offener, verbindlicher, sozialer sind, sondern daß Frauen zusteht, genau wie Männern, hart, ehrgeizig, asozial und unsensibel zu sein. Für Männer am Berg scheint es aber immer noch die große Überraschung zu sein, wenn sie ihrer Meisterin im Egoismus begegnen.

Eine der berühmtesten Einzelgängerinnen war die Polin Wanda Rutkiewicz, die wohl erfolgreichste Bergsteigerin bis heute. Bergsteigen, Klettern bedeutete ihr alles. Sie war ehrgeizig, zum Hausfrauendasein nicht geboren und formulierte das auch, als sie sich von ihrem Ehemann, dem Innsbrucker Arzt Dr. Helmut Scharfetter, trennte, mit dem sie nur zwei Jahre verheiratet gewesen war. »Als mir bewußt wurde, daß mich familiäre Pflichten nicht zufriedenstellen und ich keine Rolle spielen konnte, die nicht zu mir paßte, sah ich keinen anderen Ausweg als die Trennung.« Immer wieder träumte sie von einem ruhigen Leben mit Mann und Kindern, aber immer wieder kamen Berge dazwischen. Als erste Europäerin stand sie auf dem Everest. Sie legte einen Stein aus Polen auf den Gipfel und nahm einen Stein vom Südsattel mit nach Hause. Auf dem Gipfel spürte sie »Gottes Gegenwart« und wurde nach ihrer Everestbegehung vom Papst empfangen. Aber »Gottes Gegenwart« auf dem Everest war getrübt. Als sie vom Gipfel kommt, spitzt sich die Feindseligkeit zwischen den Teammitgliedern, insbesondere zwischen Sigi Hupfauer und Wanda zu. »Auf dem Sattel trinken meine Expeditionskameraden den ganzen, von Diemberger gekochten Tee aus und lassen mir nichts übrig. Sigi ist bis zum Ende der Expedition immer wieder unglaublich aggressiv«, schreibt Wanda in ihrem Expeditionsbericht in Herrligkoffers »Mount-Everest«-Buch.

In Wandas Freude über die Everestbesteigung mischen sich Zweifel, ob sie überhaupt weiter bergsteigen will. »Wer mit einem Expeditionsmitglied verheiratet ist, hat bessere Chancen, auf Expeditionen mitgenommen zu werden. Die Qualifikation als gute Bergsteigerin ist dabei nicht besonders wichtig«, sinniert sie bitter. »Ich hörte mit dem Bergsteigen auf, ohne mich festzulegen, ob es für immer sein sollte – oder nur für eine gewisse Zeit.« Lange dauerte die Pause nicht, ein paar Jahre später nahm

sie an einer Wintererkundung im Kaukasus teil – und brach sich das Bein. Das wäre immerhin eine gute Gelegenheit gewesen, ganz aufzuhören, aber der Bruch war noch nicht ausgeheilt, als sie schon mit Krücken unterwegs zum K2 war. Versuche am K2, am Broad Peak, am Makalu folgten, mal mit ihrer Freundin und Lieblingspartnerin Ewa Pankiewicz, mal mit Männerexpeditionen, mal mit Frauenteams. Gertrude Reinisch schreibt über Wanda, die sie einige Male zum Basislager begleitet hatte: »Während Wanda sonst schüchtern und fast hilflos wirkte, zeigte sie am Berg eine Wesensart, die ich bisher nicht an ihr kannte. Sie war radikal, ließ sich von niemandem beeinflussen und folgte einzig und allein ihrem Dickschädel. Manchmal schien sie die Realität zu verdrängen, weil etwas nicht in ihren Plan paßte. Ich glaube, daß Wanda eigentlich sehr sensibel war, aber sie wollte diese ›Schwäche‹ nicht zeigen.«
Auf ihrer K2-Expedition war wenig Gelegenheit, Sensibilität zu entwickeln. Sie stand als erste Frau auf dem Gipfel. Die anderen Frauen, die folgten, Liliane Barrand, Dobroslawa Wolf und Julie Tullis, starben beim Abstieg. Sieben Menschen kamen im Schneesturm um, die Überlebenden, die es schafften abzusteigen, Wanda eingeschlossen, blieben von den schrecklichen Ereignissen traumatisiert. Ihr Erfolg machte Wanda nicht glücklich: »Weil er mit dem Tod vieler Freunde verbunden war, überdeckte die Trauer meinen Triumph.« Aber ihre Lebensuhr schien schneller und schneller zu laufen. Expeditionen u. a. zum Makalu, zur Annapurna im Winter, zur Shisha Pangma und zum Hidden Peak folgten.

Dann verliebte sich Wanda in Kurt Lyncke. Ihretwegen nahm er an der Besteigung des Gasherbrum II teil. Für die Schwäche der pakistanischen Bergsteigerin Shad Meena, die die Expedition von ihrem Gehalt als Englischlehrerin finanzieren mußte, hatte Wanda bei dieser Expedition kein Verständnis. Wanda sollte mit ihr gehen und ihr den richtigen Gebrauch von Steigeisen beibringen, aber das hätte sie aufgehalten. Sie lehnte ab. »Wanda lernte ich hier am Berg als fanatische Person kennen, die stur ihr Ziel verfolgte und andere Vorschläge weder überdachte noch gelten ließ«, schreibt Gertrude Reinisch. Wanda erklärte, daß sie sich »überhaupt nicht in die anderen Menschen hineindenken« kann. »Darunter leide ich, aber ich weiß keinen Weg, es zu ändern.«
Auf dem Weg zum Broad Peak stürzte Wandas Freund Kurt Lyncke ab und starb. Wanda war verzweifelt, aber in ihrer Presseerklärung ist davon nichts zu spüren. Sie kritisierte die Menge von Expeditionen, die Pakistan zuließ, und regte sich auf, daß »die erste Expedition den Anstieg vorbereitet und alle anderen dann auf den vorverlegten Fixseilen auf- und abspazieren und vielleicht sogar noch die vorhandenen Lager benützen, quasi als Parasiten«. Schon vergessen war die Tatsache, daß auch sie am K2 das Zelt und die Markierungsstöcke anderer Expeditionen benutzt hatte. Kurts Mutter machte Wanda für seinen Tod mit verantwortlich, aber sie war schon wieder unterwegs zu neuen Zielen und überließ es ihrer Managerin Marion Feick, damit umzugehen. Mit Ewa Pankiewicz schloß sich Wanda im März 1991, knapp

ein Jahr nach Kurts Tod, einer jugoslawischen Expedition zum Kangchendzönga an. Es gab Differenzen mit dem Expeditionsleiter, der nach dem Tod zweier Teammitglieder die Expedition abbrach. Immer schneller drehte sich Wandas Gipfelkarussell. Der Cho Oyu wurde ihr siebter Achttausender, die Annapurna ihr achter. Am Dhaulagiri mußte sie umkehren, und wieder ein Jahr später kehrte sie zum Kangchendzönga zurück. Die Energie, die Wanda Rutkiewicz für all diese Unternehmungen aufbringen mußte, ist unvorstellbar. Aber daß der Kantsch ihr schließlich zum Verhängnis wird, überrascht dann schon gar nicht mehr. An Wanda wird vielleicht der Magnetismus, den hohe Berge haben, die Sucht, die Menschen auf hohen Bergen treibt, am besten deutlich. »Bergsteiger sind Verdrängungskünstler«, sagte Wanda. Sie wird seit 12. Mai 1992 am Kangchendzönga vermißt. Andererseits: Wie viele Menschen werden am 12. Mai 1992 wohl im Straßenverkehr gestorben sein?

Alison Hargreaves gilt als die »erste Frau ohne Sauerstoff auf dem Everest«, aber das ist nur die halbe Geschichte. Die ganze kann ohne Lydia Bradey nicht erzählt werden. 1988 kam sie mit einem »Kiwi«-Team, also mit den Neuseeländern Gary Ball und Rob Hall, beide berühmte Bergsteiger, nach Nepal. Bradey, ebenfalls Neuseeländerin, Einzelgängerin, war so eine Art Berg-Punk. Sie trug wilde Rastalocken und einen Saphir in der Nase. Ihr Vater hatte sie und die Mutter verlassen, als sie drei Jahre alt war. Ihr Leben war von Entbehrungen geprägt. Zeitweise »hatten wir nicht mal 'ne Uhr im Haus«, erzählt sie. Sie wollte immer »die berühmteste Bergsteigerin der Welt« werden. Tatsächlich wurde sie zur berüchtigtsten. Schon vor der Everestexpedition mit Hall und Ball war sie mehrmals im Himalaya unterwegs gewesen und hatte mit Geoff Little zusammen den Gasherbrum II illegal bestiegen. Lydia Bradey ist der Meinung, daß die Berge allen Menschen gehören und daß es nicht am Geld liegen darf, ob jemand da hinauf darf oder nicht. Die Genehmigungen nennt sie »Papierfetzen«, die Bürokraten, die sie ausstellen, sind für sie »ausgestopfte Hemden, die einen Dreck vom Klettern verstehen«. Obwohl sie als brillante Kletterin gilt, war der Ärger vorprogrammiert. In Pakistan war sie nach ihrer illegalen Gasherbrum-Tour zwei Jahre gesperrt worden.

Als Hall und Ball am Everest umkehren wollten, weil die Route, für die sie bezahlt hatten, und der Südpfeiler, den sie danach versuchten und für den sie nicht bezahlt hatten, nicht zu begehen war, zog Lydia auf der Südroute – ohne Genehmigung – allein los. Unterwegs verlor sie nach eigenen Angaben ihre Uhr, und ihr Fotoapparat fror ein, so daß sie keine Fotos zum Beweis für das machen konnte, was sie hinterher erzählte: Nachmittags traf sie Spanier am Südsattel. »Kann ich mich euch anschließen?« fragte sie, und der Sherpa Ang Rita sagte: »Kein Problem.« Sie war langsamer als die anderen und gegen 15 Uhr noch beim Aufsteigen, als die schon – mit Sauerstoff – zurückkamen. Sechs Stunden später traf sie bei den anderen im Lager ein und sagte: »Ich war oben.« Hier beginnt das Gestrüpp der wilden Gerüchte. Hall und Ball behaupteten, sie könne gar nicht oben gewesen

sein, weil sie in so schlechter Verfassung war, daß sie es nie ohne Hilfe und ohne Sauerstoff geschafft hätte und weil es in der Zeit gar nicht möglich gewesen wäre. Liz Hawley, die Doyenne des Himalaya, kommentiert diese Aussage so: »Hall wollte seinen Arsch retten«, denn er lief Gefahr, als Expeditionsleiter von Lydia Bradey für den illegalen Aufstieg mit einer Geldstrafe und einem Bann belegt zu werden. Liz Hawley nahm Lydia Bradey in die Mangel, sie zeigte ihr Fotos vom Lhotse und fragte: »Warst du da?«, verwirrte sie mit Fragen und Tests, bis Bradey in Tränen ausbrach. Allerdings ist Liz Hawley heute von der Ehrlichkeit Bradeys überzeugt und läßt ihren Everestaufstieg ohne Sauerstoff gelten.
Journalisten, die nie mit irgendeinem Expeditionsteilnehmer von welchem Team auch immer, gesprochen hatten, schrieben, ihr Paß sei von nepalischen Behörden eingezogen worden, sie habe halluziniert und ähnliches. Durch die tragischen Ereignisse nach ihrem Gipfelalleingang wurde die Geschichte noch komplizierter. Die Tschechen, mit denen sich die Kiwis das Permit geteilt hatten, verschwanden alle vier in einem Sturm irgendwo auf der Südroute. Lydia, die sich mit den vier Verschollenen gut verstanden hatte, war deprimiert und dem feindseligen Ansturm der Presse nicht gewachsen. Schließlich sagte sie, um ihre Ruhe zu haben, und um eine Strafe der nepalischen Behörden abzuwenden: »Ich habe Fotos gemacht und bin versehentlich zu hoch geklettert, aber ich war nicht auf dem Gipfel.« Damit war sie, zumindest was ihre illegale Tour anging, aus dem Schneider. Aber jetzt fiel die Presse über sie her.

Als sich die Wogen wieder glätteten, gab es einige Beweise für ihren Gipfelgang. Die Spanier erklärten, Bradey sei keineswegs »auf allen vieren zum Gipfel gekrochen«. Sie sei in ziemlich guter Verfassung gewesen, als sie sie unter dem Hillarystep getroffen hatten. Der Amerikaner Geoff Tabin erzählte, daß er auf dem Gipfel eine Sauerstoffflasche gefunden habe, die ein Franzose dort gelassen hatte. Er fragte Lydia, ob sie diese Flasche gesehen habe. Sie sagte, die Flasche sei nicht mehr dort gewesen. Die Spanier bestätigten später, daß die Flasche nicht mehr dort war. »Wenn sie gelogen hätte«, sagte Tabin, »hätte sie sicher gesagt, sie habe die Flasche auch gesehen.« Lydia Bradey, die sich vorher mit Gary Ball und Rob Hall sehr gut verstanden hatte – »Rob Hall war süß, er war wie ein Bruder zu mir. Mit ihm konnte ich vorher über alles sprechen, wie mit einer Freundin« –, mußte erleben, wie Konkurrenz ihre freundschaftliche Beziehung zu beiden zerstörte. »Sie ist zu ehrgeizig! Sie würde alles tun, um berühmt zu werden«, wird Hall zitiert, der ebenso wie Ball vor wenigen Jahren starb.
Und da sie nun schon einmal die Böse war, gab es auch gleich wilde Gerüchte, sie habe bei ihrem Aufstieg auf den Mount Cook die Ausrüstung eines tödlich verunglückten Bergsteigers gestohlen. Bestätigte Tatsache ist, daß sie sich den in der Hütte zurückgebliebenen Walkman des Toten auslieh und ihn später den Behörden übergab. Außerdem setzte sie sich einer großen Gefahr aus bei dem Versuch, den Toten zu suchen und mit einem anderen Kletterer zu bergen. In der Öffentlichkeit bleibt sie die Frau »die den Everest stahl«, die »krankhaft ehr-

geizig« ist, die »alles tun würde, um berühmt zu sein«, der nicht zu trauen ist. Bradey hörte auf, in die Berge zu gehen. Sie hat eine Ausbildung in Physiotherapie abgeschlossen, und langsam denkt sie wieder an hohe Berge. »Ich war das Opfer sexistischer Politik«, sagt die heute Achtunddreißigjährige.

Die Höhenbergsteigerin Henriette Eberwein, die auch am liebsten allein geht, sich aber auch Expeditionen anschließt, hat vielleicht am genauesten beschrieben, wie kompliziert für Männer und Frauen der Aufenthalt in eisigen Höhen ist: »›Am Berg zeigt der Mensch sein wahres Gesicht‹ trifft vor allem auf das Höhenbergsteigen zu. Das menschliche Gehirn beschränkt sich auf die wenigen lebenserhaltenden Funktionen, es signalisiert bestenfalls Hunger, Durst, Müdigkeit und Gefahr. Für einen komplexen Gedankengang ist zu wenig Sauerstoff vorhanden, und so kommt es, daß die Rücksichtnahme auf den Partner notgedrungen hintangestellt wird. In weiterer Folge entstehen vollkommen irrationale Gedankenkombinationen, die jeder Logik entbehren. Man ist völlig auf sich allein gestellt, jedes weitere Gruppenmitglied wird zum Konkurrenten, es besteht die Gefahr des Abgleitens auf die niedrigste animalische, vom puren Futterneid bestimmte Verhaltensstufe. Auf achttausend Meter zählt nur mehr das eigene Ich! Ich muß überleben!«
Nichts davon ist bei Ottilie »Otti« Dörrich zu spüren, auch sie ist eine Einzelgängerin, schließt sich Expeditionen und Gruppen an, wie sie will, und geht in den

Alpen oft ganz allein. Ihren zweiundsechzigsten Geburtstag feierte die zierliche, fast mädchenhafte Frau beim Mondfest am Kailash, und das war beileibe nicht die größte Höhe, die sie in ihrem Leben erreicht hat. Vor sieben Jahren nahm sie an einer Summit-Club-Expedition zur Shisha Pangma unter der Führung von Günter Härter teil – als einzige Frau – und war damals die älteste Frau auf einem Achttausender. Es ist nicht so, daß sie keine Probleme mit Männern in Gruppen hätte, sie geht ihnen einfach, so gut es geht, aus dem Weg. »In jeder Gruppe ist einer oder mehrere dabei, die arrogant sind, alles besser wissen und einen immer anpieksen müssen. Die ständig mit dem Expeditionsleiter streiten. Die Herren der Schöpfung sind so stur«, lächelt sie. Otti Dörrich hat beobachtet, daß Männer sich manchmal auf großen Höhen schwerer tun, weil sie ehrgeizig sind, weil sie übermäßig trainieren und nicht mal zugeben können, wenn sie höhenkrank sind und ernste Probleme bekommen. Auch im Shisha-Pangma-Team gab es so einen. »Ich sagte zu ihm: ›Dir geht's doch nicht gut?‹ Aber er wollte nichts davon wissen. ›Doch mir geht's gut!‹ Er konnte es nicht zugeben. Kurz darauf wurde er so krank, daß wir per Funk den Landrover zum Basislager rufen mußten. Der Stolz hätte ihn beinahe umgebracht! Zum Glück war da ein Arzt, der eine Untersuchung darüber macht, warum junge Männer höhenkrank werden.« Otti Dörrich ist frei von Aggressionen gegen Männer im Team, sogar gegen solche, die sie »pieksen« wollen. Sie steht mit großer Souveränität darüber, analysiert kühl, warum die sich wohl so verhalten, hält Distanz. Nur einmal ist ihr der Kragen geplatzt, da hat sie einen von diesen arroganten Kerlen angeschrien. »Noch einmal, und ich schmeiß dich ins Wasser.« Sie lacht. »Er konnte nicht schwimmen.« Viel später, als sie zusammen noch ein Rafting auf einem Fluß in Nepal machten, »fiel er tatsächlich ins Wasser. Der hat gezappelt!« Die Überraschung: »Aber er schreibt mir jetzt noch ab und zu.« Sie hat ihm offenbar Respekt beigebracht.

Am Fuß der Shisha Pangma hatte sie nachts einen Alptraum und schrie um Hilfe. Die Teamkollegen machten am nächsten Tag Witze, ob ihr wohl der junge Mann zu nahe gekommen sei, mit dem sie das Zelt teilte. Aber Otti schreit im Traum um Hilfe, wenn Unheil droht. Sie hat einen unglaublichen Instinkt für Gefahr. Spontan, ohne erklären zu können, warum, schließt sie sich an der Shisha Pangma der ersten Seilschaft an, die nun mit sechs Mitgliedern eigentlich zu groß ist, anstatt, wie geplant, mit der zweiten Seilschaft zu gehen. Sie wird sofort akzeptiert. Die zweite Seilschaft wird vom Wettersturz überrascht und wird nie wieder gesehen.

Sie setzt sich auf einen Stein und »prägt sich den Gipfel ein«, sie programmiert sich mental für den Gipfelaufstieg. »Ich habe mit den Göttern gesprochen, und das Wetter war gut«, sagt sie einfach. Die Männer sind sehr kameradschaftlich zu ihr, umsorgen sie, die einzige Frau und noch dazu die älteste, gehen ihr sogar mit der Taschenlampe entgegen, als sie als letzte beim Abstieg zum Lager kommt. »Sag einmal, wie alt bist denn du eigentlich?« wird sie gefragt. Sie grinst spitzbübisch: »Fünfundfünfzig.« »Ja, wo hast denn du deine Falten?« »Die bügle ich immer, bevor ich aufstehe«, ist ihre Antwort. Sie geht langsamer als alle, ganz nach ihrem Rhythmus, läßt sich nicht beirren. Und Günter Härter, der Expeditionsleiter, ermutigt sie, nach ihrem eigenen Gefühl zu gehen. Alle Mitglieder der ersten Seilschaft erreichen den Gipfel. Als ihr beim Rückweg, beim Abfahren mit den Skiern der Rucksack zu schwer wird und sie immer hinfällt, nimmt Günter Härter ihr kommentarlos das Gewicht ab. Danach geht alles mühelos.

Das wichtigste beim Ersteigen eines hohen Bergs ist ihr das »Einteilen der Kräfte, nicht rennen, sich nicht überschätzen«. Sie motiviert sich durch Schönheit: »Ab und zu mache ich ein Foto, genieße die Schönheit der Landschaft, atme tief durch, trinke.« Sie kennt sich selbst, ihren Körper, ihre Belastungsfähigkeit. Vorbereitet hat sie sich für die Shisha Pangma, indem sie allein im Winter auf die Notkarspitze, auf die Geierköpfe ging. In einem besonders schönen Hochtal der Shisha Pangma fühlte sie sich »wie in einem aufgeschlagenen Buch und ich ganz winzig mitten drin«. Die Männer, die mit ihr auf Expeditionen gehen, zum Beispiel zum Huascaran oder zum Alpa Major in Peru, zur Pumori in Nepal fragen sie schon mal: »Läßt dich denn dein Mann so ohne weiteres so lange fort.« Dann lacht sie frech und sagt: »Überhaupt kein Problem.« Sie lebt allein, ist frei und kann tun, was sie will. Da war schon einmal ein Mann, der ihr viel bedeutete. Seit er tödlich verunglückte, hat ihr keiner mehr so gut gefallen, daß sie sich binden wollte.

Von Otti Dörrich erfahre ich jetzt endlich einmal, wie das für Frauen auf eisigen Höhen eigentlich so geht, wenn eine mal muß oder wenn sie menstruiert. »Am Seil geht man halt einfach ein bißchen auf die Seite, die Männer kennen das doch, die sind doch alle verheiratet. Es ist schon schwierig, bis man die ganzen Schichten runter hat. Ich hab das zu Hause mit dem Klettergeschirr geübt. Man ißt ja nicht viel da oben«, meint sie, da fällt natürlich in extremer Höhe kaum Verdauung an. Aber es sei schon sehr anstrengend, auch das Eis- und Schneeschmelzen für Trinkwasser, jede Bewegung mache Mühe. Mit der Menstruation sei es tatsächlich ein bißchen kompliziert, aber man blute nicht so stark unter dieser Anstrengung. »Aber es ist natürlich viel leichter, seit ich sie nicht mehr habe«, sagt sie. »Das setzt schon Energie frei.«

Zu ihren schönsten Erlebnissen gehört die Durchquerung der Atacamawüste mit der Besteigung zweier Vulkanberge, darunter der 6900 Meter hohe Ojos del Salado 1993 und die Tour zum Alpa Mayo 1996. Am Huascaran mußten sie umkehren, weil das Wetter so schlecht wurde. Schon oft im Leben ist sie umgekehrt. »Man kann nichts erzwingen, wenn das Wetter schlecht ist, hat es keinen Sinn.« Sie sieht die Gipfelbegehungen nicht als Sieg, das Umkehren nicht als Niederlage. »Ich liebe die Berge«, schwärmt sie. Jede Tour ist ein großes Erlebnis für sie. Sie liebt das Leben mit der Gruppe in den Lagern, genießt die Schönheit der Natur, respektiert die Macht der Elemente. Alles in ihrer Wohnung mitten im bayerischen Alpenland erinnert an Nepal, an die Himalayaberge. Als sie sich vor einigen Jahren einen Kreuzbandriß zuzog und das Knie so furchtbar zugerichtet war, daß ihr ein Arzt prophezeite, sie würde nie wieder in die Berge gehen können, fuhr sie noch mit Schiene und Krücken nach Südamerika und ging mit bandagiertem Knie auf die Vulkangipfel. So leicht läßt sie sich von einem Arzt nicht ihre größte Freude wegnehmen. Wenn sie gefragt wird, wie sie das schafft, strahlt sie: »Ich danke den Göttern! Ich habe Glück. Aber für den Anfang braucht man auch Mut.« Übermut vielleicht sogar? »Ich habe schon noch Träume!« lacht sie verschmitzt.

Das Rendez-vous der Bergsteigerinnen

Zum fünfzigsten Jubiläum des SFAC, des Schweizer Frauen-Alpenclubs, dachten sich die Bergsteigerin Felicitas von Reznicek und der Leiter des Kurvereins Engelberg etwas ganz Besonderes aus. Sie wollten bekannte Höhenbergsteigerinnen einladen, um mit ihnen auf dem Gipfel des Klein-Titlis mit Champagner anzustoßen. Daraus wurde einer der großen Meilensteine des Frauenbergsteigens. Von 16. bis 18. Mai 1968 dauerte die Begegnung, die in der Gründung des Frauenvereins Rendez-Vous Hautes Montagnes gipfelte. »Die einzige Bewegung, die 1968 entstand und noch lebendig ist«, kommentierte Reznicek schelmisch diese bedeutungsvolle Begegnung. Felicitas von Reznicek, genannt Fee, wurde die erste Präsidentin der Vereinigung, die keine Statuten und keine bürokratischen Regeln kennt. Frauen, die dazugehören wollten, mußten mindestens den vierten Grad mitklettern und den dritten Grad führen können (heute wird das etwas lockerer gehandhabt, obwohl es viel mehr Frauen gibt, die sogar über den sechsten Grad hinaus klettern). Der Kurverein Engelberg beeilte sich, die Ängste der Männer angesichts dieser geballten Frauenpower zu zerstreuen, indem er auf die Verdienste der jeweiligen Ehemänner hinwies. Über die Österreicherin Helma Schminke konnte man lesen: »Mit Rudolf Barody lernte sie die großen Klettertouren kennen. Später heiratete sie Konrad Schminke, und verlor ihn auf tragische Weise in der Watzmann-Ostwand.« Die Österreicherin Ingrid Ring hat »mit ihrem Mann die schwierigsten Touren absolviert«. Männer reagierten damals (und auch heute noch) auf Bergsteigerinnen mit Kommentaren wie »das müssen Lesbierinnen sein, schreckliche Weiber, die keinen Mann abgekriegt haben«.

Die »Emanze« Lotte Vögele klagte: »Wenn sich eine Frau beim Klettern schindet, heißt es: ›Krankhafter Ehrgeiz‹, bei einem Mann sagt man: ›Der wird mal gut‹. Wenn Frauen auf einem Berg waren, kommt von den Männern: ›Wenn die Weiber die Tour gemacht haben, ist es eine gemähte Wiese.‹ Man mußte weibliche Mittel einsetzen, immer schön lächeln und bitten, das wurde mir zu blöd.« Die Bergsteigerin Lynne Hill, die vom Jazzballett zum Bergsteigen und zum Rendez-Vous Hautes Montagnes kam, meinte: »Frauen geben nicht so an. Männer treten stolz auf. Und laut. Ich kann das, ich bin stark. Dann trau ich mir als Frau gleich weniger zu.«

Paul Preuss schrieb einen vernichtenden Kommentar zum Frauenklettern: »Frauenemanzipation ist die Mutter der Damen-Klettertouren. Gewisse Geschicklichkeit kann man dem weiblichen Geschlecht nicht absprechen. Fabelhafte Ungeschicklichkeit zeigen sie in der Behandlung des Seils. Mit einer rührenden Sorglosigkeit schauen sie, während er klettert, in die sonnige Landschaft, halten ein Knäuel Seil in den Händen und geben gewöhnlich das verkehrte Ende nach.« Trotz Diffamierung und Behinderungen durch die Männer gaben die Frauen nicht auf. Die bergsteigende Frauenrechtlerin Silvia Metzeltin wußte: »Wenig Bergsteiger stehen ihren Frauen wirklich zur Seite, damit sie bergsteigen können.«

Hochkarätige Bergsteigerinnen kamen beim Rendez-Vous zusammen, wie zum Beispiel die spätere Präsidentin Sylvia Metzeltin, »ein Unikum, ein richtiger Lausbub, Sestogradistin«, die in dreizehn Jahren zweihundertvierundneunzig Hochtouren ging, fünfzig Gipfel bestieg, sie als Seilerste und Frauenseilschaften unter anderem zur Cima di Madonna und zur Schleierkante führte, oder die Schweizerin Ivette Vaucher, die unter anderem die erste Frauenbegehung der Matterhorn-Nordwand 1965 schaffte. Loulou Boulaz, die zu den »Kriegerinnen« der Frauenvereinigung »Attaque« gehörte , galt als eine der besten Bergsteigerinnen überhaupt. »Ich hatte auf allen Gebieten den Teufel im Leib«, sagt sie selbst von sich, »im Gebirge, im sozialen Leben, in der militanten Bewegung«. Ihre Devise für freie Frauen: den Lebensunterhalt selbst verdienen, nicht heiraten und Sport treiben.

Luisa Jovane aus Mestre in Italien war schon als Kind geklettert und schaffte alle großen Wände im Alleingang, auch den Half Dome im Yosemite Nationalpark. Die Bergsteigerin und Kletterin Susi Müller erklärt: »Es geht nicht darum, ausschließlich eine Frauengesellschaft zu sein, sondern zu zeigen, daß Frauen in der Lage sind, Touren oder große Expeditionen zu leiten.« Bei den Treffen des Rendez-Vous fanden sich im Lauf der Jahre wohl alle Bergsteigerinnen ein, die hohe Berge bestiegen, schwierige Routen geklettert hatten, wie Ruth Steinmann, Heidi Lüdi, Verena Jäggin, Wanda Rutkiewicz, Danuta Gellner, Stefanka Egiersdorf (die drei Polinnen hatten vor dem Treffen zum fünften Jahrestag des Vereins in einer Frauenseilschaft den Hiebelerpfeiler zwischen Eiger-Nord- und -Nordostwand bestiegen), Lynne Hill, Charlotte Vögele, Christa Sturm, Judith Fischer und viele mehr.

Ist es für Frauen heute leichter, auf hohe Berge zu steigen und zu klettern? Verena Jäggin, Extremkletterin, deren Hobby Joggen ist und die gern bei Extremlaufwettbewerben wie dem Schweizer Jungfrau-Marathon teilnimmt: »Leicht ist es nicht. Man hängt da, wie z. B. im Yosemite, drei, vier Nächte mit Männern in der Wand, die lassen sich schon mal gegen Frauen aus. Man muß es aushalten. Aber viele Sachen kann man nur mit Männern machen, weil sich dafür keine Frauen finden.« Trocken kommentiert die Ärztin und Homöopathin Heidi Lüdi: »Im Gebirge habe ich Biertrinken gelernt.« Verena hat spät zu klettern begonnen. Nach einem Kletterkurs, den sie als Kind mitmachte, fing sie erst mit etwa dreiundzwanzig zu klettern an. »Eine Frau ist nicht so stark wie ein Mann«, sagt sie, »aber Arlene Blum sagte, zum Klettern brauchst du auch Köpfchen. Eine Frau kann länger kämpfen und überleben. Und wenn ich mit

einem Mann klettere, der schwächer ist, dann übernehme ich die Führung, das kommt zwar seltener vor, aber es kommt vor.« Auch für die »Hausarbeit« am Berg fühlt sie sich durchaus nicht zuständig. Eher wird sie von den Männern schon mal verwöhnt. Aber »Männer haben Angst vor mir«, glaubt sie.
»Wenn du mit Frauen gehst, bist du gleichwertig, du mußt auch die Führung übernehmen können. Mit Männern bist du Mitläuferin«, sagt Verena. »Männer erobern, Frauen gehen«, sinniert Heidi.
Heidi weiß, daß sie »weniger stark und nicht schnell« ist, aber das sei kein Problem, meint sie, »ich kann nicht so viel tragen, und ich habe kurze Beine, aber ich habe die physischen Voraussetzungen, dann gehe ich halt langsamer«. Sie führte eigene Expeditionen, »da bin ich die Chefin und habe keine Probleme«.
Heidi Lüdi war 1974 im Pamir, 1976 im Yukon klettern, 1978 traf sie in Peru ihren Mann Franz beim Klettern und ging auf einer Tour mit ihm und seinen Freunden als Ärztin mit. »Zum Glück verstand ich die blöden Spinnereien und Anzüglichkeiten nicht. Franz hat mich immer gegen die Lümmel verteidigt.«
1979 stieg sie auf den Mount McKinley, 1980 war sie mit einer amerikanischen Frauenseilschaft am Dhaulagiri. Diese Expedition ergab sich durch das Rendez-Vous Hautes Montagnes. »Tenzing Norgay hat in Engelberg einen Vortrag gehalten, und Vera Komarkowa erzählte bei dieser Gelegenheit von einer geplanten Dhaulagiriexpedition«, erzählt Heidi. »Wenn du dann einmal einen Doktor brauchst, ist das in Ordnung, sagte ich zu ihr.

Am McKinley haben wir die American-Women-Gruppe getroffen, und Ende Juli ging ich dann mit den Frauen zum Dhaulagiri. Das war vom Material her sehr gut gesponsert. Ich habe einen medizinischen Fragebogen für alle Teilnehmerinnen ausgearbeitet und entsprechend Medikamente zusammengestellt. Wir waren zwei Ärztinnen, weil das so eine Monsterexpedition war: insgesamt zwölf Bergsteigerinnen und viele nichtbergsteigende Teilnehmerinnen und Teilnehmer. Jedenfalls hatten wir bis zum Basislager zweihundertsiebzig Träger. Wir hatten einen Lawinenunfall beim ersten Hochlager, eine Australierin starb. Wir brachen dann die Expedition ab. Ich fand eigentlich das Theater am schlimmsten, das die mit den Männern hatten, mit den Sherpa und Trägern. Und die Vera hat doch zwei Söhne von zwei verschiedenen Sherpa! Einer ist vom Dhaulagiri …« Heidi lacht.

»Die Ama-Dablam-Expedition war eine Fortsetzungsgruppe vom Dhaulagiri. Wir waren acht Frauen, die Sherpa hatten Verbot, das Basislager zu verlassen, weil's eine Frauenexpedition war. Da hatten die Männer nichts zu sagen«, erzählt Heidi, »Träger durften nur bis zum Basislager mit. Der Verbindungsoffizier war zum Glück ein Sherpa, der war sehr nett, zurückhaltend und kompetent. Dann gab es im Basislager noch den Koch, einen Gehilfen und den Mailrunner. Männer waren geduldet, aber sie hatten keinen Einfluß auf die Entscheidungen. Die Feministinnen wollten alle Männer rauswerfen. Aber wir sind ja nicht gegen Männer, nur für Frauen eben.«

Konkurrenz ist Heidi Lüdi »völlig wurscht«. Auf die höchsten Berge der Welt steigt sie heute nicht mehr. Am Lhotse wurde sie auf etwa siebentausend Meter höhenkrank und erstickte fast. Obwohl sie »Schleimkugeln hustete«, stieg sie allein ab.
Wie lösen Frauen denn beim Klettern das Problem mit den Ausscheidungen, will ich wissen. »Früher sind Frauen oft zu Tode gefallen«, sagt Heidi, »weil sie so weit weggestiegen sind.« Heute ist das kein Thema mehr. Verena sagt: »Früher hat man's halt einfach gemacht. Heute gibt es eine Kletterethik, daß man keinen Dreck hinterläßt, also macht man in Papiersäcke und wirft sie runter, so kann man sie wieder einsammeln.« Druckknöpfe in der Unterwäsche seien eher unpraktisch, Schlitze schon besser. Heidi hat sich auf einer Tour mal die Finger erfroren, »da mußte mir ein Freund das Tampax reinschieben«.
Verena Jäggins größtes Hobby ist das Joggen. »Mein Hobby ist Essen und Kochen«, lacht Heidi, »das sieht man doch, oder? Ich lebe!«
»Ich weniger, ich mach!« sagt Verena trocken.

Ruth Steinmann, die unter anderem zwei Siebentausender im Hindukusch, zwei Siebentausender im Karakorum und im Pamir in Tadschikistan, den Mount McKinley in Alaska bestiegen und 1980 eine Expedition zum Pisang Peak (6091 Meter) geführt hat, lebt in einem traumhaften alten Schulhaus in Versam allein mit ihrem »Sibirer«, einem weißen wolfsähnlichen Hund. Ihr Berggefährte auf vielen Touren war Erich Vanis. »Von

ihm habe ich viel gelernt, aber als ich richtig gut wurde, wollte er nicht mehr mit mir gehen.« Auf Männerexpeditionen war sie oft die einzige Frau. »Heute wundere ich mich schon oft, was ich mir früher habe gefallen lassen«, sagt sie. Trotz ihrer drei Töchter ging sie in die Berge und mußte viel Kritik einstecken. »Eine Frau mit Kindern geht nicht in die Berge«, mußte sie hören. Ihr Mann sagte zwar, sie solle nur gehen, aber geholfen haben ihr da Freundinnen. »Die haben sich sehr gekümmert und nach den Mädchen geschaut. Meine Mutter nahm immer nur ein Mädchen nach Engelberg, alle waren ihr zu anstrengend. Ich habe vorgekocht, eingefroren, alles vorbereitet. Wenn ich zurück war, habe ich dann die Kinder der Freundinnen genommen, einmal waren es drei Buben von einer Freundin, so daß sie auch mal weg konnte, das hat natürlich Organisation erfordert. Einmal ist meine Mutter auch wirklich wütend geworden. Aber ich habe ihr gesagt, wenn ich nicht bergsteigen kann, dann kannst du mich gleich in einen Sarg legen.«
Anfangs fühlte sie sich als Frau »schon sehr behindert«. Auf einer Tour an der Nordseite des Meije fand sie mit ihrem Kletterpartner keine gangbare Möglichkeit. Sie diskutierten die Situation. Eine andere Seilschaft, ein französischer Bergführer mit einem Kunden, machte ihnen außerdem Schwierigkeiten, weil der Kunde keine Frau in »seiner« Wand wollte. Schließlich ließen sie der anderen Seilschaft den Vortritt, suchten sich eine andere Route. »Wir sind dann auf der einen Seite geklettert, die beiden auf der anderen, also praktisch par-

allel. Plötzlich gab das einen Knall, ein Eisturm fiel um und krachte in tausend Stücken auf die Route, die wir ursprünglich vorhatten. Wir wären weggewesen, der Helm oder das Seil hätten da keine Rolle gespielt. Diese Herausforderung damals, daß ich wütend geworden bin und wir deshalb schneller gingen und nicht hinterher, hat uns das Leben gerettet. Später in Engelberg am Spitzmann ging ich einmal mit einer Frauenseilschaft, es war Spätherbst und hatte Schnee, und ich wählte nicht die Normalroute, sondern eine andere, da hatte es weniger Schnee. Da kam eine Männerseilschaft, meistens kommen ja Männerseilschaften, die schauten zu uns herunter und einer sagte: ›Das ist aber nicht die Route, die ist da oben.‹ Ich sagte: ›Jaja.‹ Er ging weiter, drehte sich wieder um und sagte: ›Da oben ist die richtige Route.‹ Ich sagte: ›Ja, ich weiß.‹« Sie lacht. »Ich denke, daß Frauen zusammen genauso gehen können wie Männer. Als ich mit Erich Vanis die Touren machte, hatte ich aber nie Probleme und auch später nicht, als ich allein ging. Wahrscheinlich hängt es auch damit zusammen, wie man sich gibt. Und man muß natürlich den Punkt erreichen, wo man sich sicher ist. Heute würde ich mir vieles nicht gefallen lassen, ich würde sagen, das ist deine Sache, und ich mache das eben so. Aber ich war natürlich mit zwanzig auch nicht da, wo ich heute bin.«

Bei der Lhotsebesteigung hatte Ruth ein ganz spezielles Problem. Sie wollte nicht mit ihren Teamkollegen gehen, um ihnen die Chance auf den Gipfel nicht zu verbauen, und ging allein mit einem Sherpa. Der machte

ihr jedoch klar, daß der Lhotse ein männlicher Götterberg ist, den Frauen nicht besteigen dürfen. Sie gingen nicht weiter. Auch Sherpa scheinen mit zweierlei Maß zu messen, denn daß der heilige weibliche Berg Chomolungma, die große Göttin schlechthin, trotz des Tabus von Hunderten von Männern bestiegen wird, scheint keinen Sherpa zu stören. Der Abt von Thyangboche segnet das Sakrileg sogar ab, indem er Bergsteigern geweihte Schals gibt. Daß das Kloster einmal von einem Erdbeben und einmal durch einen Kabelbrand der eben neu installierten Elektrizität zerstört wurde, wurde bisher noch nicht als schlechtes Omen gedeutet.
Den Lhotse konnte an jenem Tag kein einziges Teammitglied besteigen, weil das Wetter so schlecht wurde, daß alle umkehren mußten. Ruth Steinmann erreichte immerhin 8250 Meter und hält damit den Höhenrekord für Schweizerinnen. »Wenn mir das jemand mit zwanzig gesagt hätte, daß ich die höchste Schweizerin werde, hätte ich gelacht und es nicht für möglich gehalten. Ich strebte es ja gar nicht an. Es hat sich so ergeben, weil die Ziele immer größer wurden. Auf vielen Bergen war ich die erste Schweizerin, aber ich habe es nicht angestrebt, es ist so gekommen.«
Ruth Steinmann hat über ihre Erlebnisse ein packendes, unterhaltsames Buch geschrieben, »Abenteuerin von Null bis Achttausend«, und organisiert heute Trekkingtouren. Außerdem leitet sie in Versam eine Malschule.

Für andere Verantwortung übernehmen

»Das ist fei das Bergführerzimmer«, wurde Gudrun Weickert-Schmidt belehrt, als sie sich nach einer anstrengenden Tour eben dort entspannen wollte. Sie mußte erst mal ihren Bergführerausweis zücken, ehe sie alle viere von sich strecken konnte. Es scheint keine Selbstverständlichkeit zu sein, daß Frauen auf hohe Berge gehen und schwierige Touren machen, aber daß es auch Bergführerinnen gibt, hat sich wohl noch nicht herumgesprochen. Tatsächlich gibt es in Deutschland nur zwei: Gudrun Weickert-Schmidt und Michaela Karrasch. Auch in den Nachbarländern nehmen nur wenige Frauen die Strapaze der Ausbildung auf sich, wie Evelyne Binsack aus der Schweiz, die gerade in USA eine Ausbildung zur Helikopterpilotin macht. Evelyne will anderen Frauen den Spaß beim Klettern nahebringen, immer wieder »Freude an der Natur zu empfinden, das Licht, den Wind und die Landschaft voll in sich aufzunehmen«. Für sie ist Klettern »gegenseitige Unterstützung, Motivation und Ansporn erfahren, Kraft, Ausdauer, Koordination, Gleichgewicht und Konzentration fördern und somit ein besseres Körpergefühl zu entwickeln. Du lernst, die Angst im Griff zu haben und nicht die Angst dich.« Evelyne arbeitet seit ihrer dreijährigen Ausbildung als Profibergführerin und Skilehrerin.

»Die Ausbildung zur Bergführerin ist schon sehr schwierig«, bekennt Gudrun, die im Sportzentrum der TU München arbeitet. »Du mußt auf allen Gebieten des Bergsports Spitzenleistungen bringen, Bergsteigen, Klettern, Eisklettern, Skitouren, mußt auf dem Mountainbike und auf dem Snowboard wirklich fit sein, und es reicht auch nicht, daß du einen Schwierigkeitsgrad von sechs oder sieben drauf hast, wenn du einen Kunden führst.« Gudrun führt gern Frauen. »Mit Frauen hab ich immer sofort einen guten Kontakt, das Vertrauensverhältnis ist sehr gut. Natürlich gibt es immer mal Frauen, die sagen: ›Ich kann das nicht, ich bin eine Frau.‹ Dann sage ich: ›Ich bin auch eine Frau.‹« Sie lacht. Und sie ist sogar eine sehr zierliche Frau. Vorurteile läßt sie gar nicht erst aufkommen. Gudrun Weickert-Schmidt wehrt sich gegen das Klischee, Frauen seien nicht so leistungsfähig und könnten nicht so gut bergsteigen wie Männer, und wenn, dann seien sie nicht wirklich weiblich. »Ich bin genauso leistungsfähig wie ein Mann, und wenn ich auf dem Kanapee mit der Kleinen herumliege, bin ich eben halt ganz entspannt, eine Frau. Aber dann kann ich auch genauso wieder zur Sache kommen. Das hat nichts mit Frauen oder Männern zu tun, sondern nur mit dem Beruf. Ich will nicht als Frau was demonstrieren, sondern den Beruf machen.«
Sie betont auch, daß es beim Klettern mittlerweile einen hohen Anteil an Frauen gibt, daß Frauen sehr gut

klettern können. »Manche Frauen am Berg«, lacht sie, »sind wie Männer, weil Männer manchmal wie Frauen sind.«

Vor zehn Jahren machte sie ihre Bergführerprüfung, einmal ist sie durchgefallen, aber aufgeben wollte sie nie. Nur eine einzige Frau will zur Zeit Bergführerin werden und bereitet sich gerade auf ihre Prüfung vor. Warum stellen sich so wenig Frauen dieser Herausforderung? »Du denkst wie ein Mann«, erklärt Gudrun, »du hast den gleichen Beruf, aber mit Kind ist alles aus. Mit einem kleinen Kind kannst du diesem Beruf nicht nachgehen. Jeder Mann kann ein Kind haben und Bergführer sein, aber für eine Frau geht das nicht. Meine Tochter kam mir da schon irgendwo dazwischen. Ich kann nicht einfach drei Monate wegsein, wenn ich zu Hause ein kleines Kind habe.«

Expeditionen auf Achttausender findet sie, wie viele gute Bergsteigerinnen und Kletterinnen, nicht so reizvoll, »das tierisch langsame Dahingehatsche« ist nicht gerade ihr Stil. Um sich gut zu akklimatisieren ist es wichtig, langsam zu gehen, aber sie ist gut trainiert und stark und deshalb für hohe Berge eigentlich zu schnell. Deshalb zieht es sie auch nicht auf den Everest: »Der ist alpinistisch nicht interessant, da ist der K2, der zweithöchste Berg, schon wesentlich schwieriger und deshalb auch reizvoller, da gibt es Kletterstellen im Schwierigkeitsgrad fünf und sechs auf 8400 Meter, das wäre schon eine Herausforderung. Aber ich weiß nicht, ob mir ein Achttausender das wert wäre. In der Zeit, die ich für so eine Expedition brauche, könnte ich drei oder vier schwierige Touren bei uns machen, die es für mich mehr bringen. Der Trango Tower in Pakistan wäre vielleicht was, aber mit Kind ist das sehr schwer zu vereinbaren. Durch das Kind hat sich mein Leben dramatisch verändert.«

Die Expedition zum Broad Peak sieht sie heute als »somnambule Erfahrung«. Sie ging mit zwölf Bergführern und einer Frau, die schon bald zurückblieb und die »Hausarbeit« machte. »Weil sie es alpinistisch nicht draufhatte«, erklärt Gudrun. Die Erlebnisse auf dieser Expedition lösen nicht gerade große Sehnsüchte nach neuen derartigen Abenteuern aus. Sie stieg mit einem achtzehn Kilo schweren Rucksack bis zu einer Höhe von 6500 Meter auf, dann wurden die Bedingungen zu schwierig, und sie kehrte um. »Auf so einer Höhe spielt sich brutal viel im Kopf ab!«

Die Herausforderung, eine Gruppe zu führen, findet sie reizvoller. Die Berge sind ihre Welt, sie liebt die Ruhe, die großartige Landschaft und die Auseinandersetzung mit der Gruppe, wenn sie auch weiß: »Führen ist buckeln. Du mußt erfüllen, was verlangt wird.« Und bei Frauen ist der Druck größer, sie müssen mehr beweisen. »Männer haben einen Bonus, weil gerade Frauen oft einen großen starken Mann erwarten, bei einer Frau sind sie selbst mehr gefordert. Eine Bergführerin wird mehr getestet, muß mehr bringen. Und der Konkurrenzdruck ist stark. Da mußt du schon so was wie natürliche Autorität mitbringen.«

Einmal geriet sie mit einer Gruppe in eine gefährliche Situation. »Am Habicht, an der Nordflanke, alles war

vereist, das Wetter wurde schlecht. Umkehren konnten wir nicht mehr, weil wir schon zu weit geklettert waren. Ich muß sagen, da führte ich wirklich mehr intuitiv.« Vielleicht ist das ja auch die Stärke von Frauen? »Ich glaube zwar nicht, daß man das geschlechtsspezifisch sehen kann«, wehrt sie ab, »aber mit einem Kind führe ich vielleicht wirklich anders.« Der Adrenalinschub, den beispielsweise Oswald Oelz beim Klettern so belebend findet, gibt ihr nichts, eher schon das Gefühl nach so einem Schub: »Jetzt kommt's drauf an. Du bist hellwach. Das ist ein gigantisches Gefühl. Was du jetzt machst, entscheidet über Leben oder Tod. Manchmal ist es nicht so dramatisch, aber das Gefühl bleibt trotzdem, diese Intensität, von einer Sekunde zur anderen entscheiden, reagieren.«
Frauen haben einen größeren Spielraum als Männer, meint sie. »Ich kann weiblich sein, ich kann männlich sein. Aber für einen Mann ist es ziemlich daneben wie eine Frau zu sein.«

Was Gudrun erreicht hat, strebt auch Regina Bachmaier an. Aber Regina möchte nur Frauen führen. Die fünfunddreißigjährige Subunternehmerin eines Fahrradkuriergeschäfts führt seit sechs Jahren Frauen in eisige Wände, auf verschneite Gletscher, auf hohe Berge im Alpenraum, aber die offizielle Anerkennung fehlt ihr noch. Sie hat in München einen Abenteuerstammtisch für Frauen gegründet, weil sie Frauen zusammenbringen möchte, die kühne Ideen auskochen und auch verwirklichen. Die Bergführerprüfung hat sie noch nicht abgelegt, aber die fünfzig klassischen Touren, die sie dafür in ihrem Tourenbuch haben muß, hat sie beisammen.

Aber es gefällt ihr nicht, daß sie nicht einfach erfährt, was sie für die Prüfung braucht, sondern daß es auf so einer vagen Ebene bleibt: »Geh halt einmal mit auf eine Tour, dann siehst du schon, was du brauchst – ich habe aber keine Lust, da bei einem Bergführer aufzulaufen. Da gibt es einen, der auch ein Ausbilder wäre, mit dem hätte ich meine Schwierigkeiten, das weiß ich jetzt schon.« Führungsqualität sieht Regina in der Anregung zur Selbstverantwortung. »Ich möchte Frauen zeigen, wie sie mit Kompaß und Karte umgehen können und wie eine aufgrund einer Karte abwägen lernt, ob dieser Berg für sie machbar ist. Und ich kann ganz gut das Potential sehen, das eine hat«, sagt Regina. »Frauen gehen so ans Bergsteigen, daß sie die Gefahren genau einschätzen wollen. Männer haben eher so ein Draufgängertum. Aber Frauen wollen wissen, auf was sie sich einlassen, was auf sie zukommt. Das finde ich gut. Deshalb geh ich lieber mit Frauen.« Sie hat vorher konzeptionelle Jugendarbeit gemacht, mal nur mit Mädchen, mal mit Buben. »Die Umgangsweisen, die Empfindsamkeit, Empfindlichkeiten, Wahrnehmung von Natur, vom Gehen, vom Berg, die Faszination der Natur, das ist bei Frauen wesentlich stärker, da ist der Weg das Ziel, und das gefällt mir, nicht die Gipfelhascherei. Wenn Frauen umkehren, wird ihnen das von Männern oft als Unfähigkeit ausgelegt.«

»Für mich kommt's nicht auf die Wahnsinnshöhe an.

Der Similaun zum Beispiel ist jetzt nicht ein wahnsinnig hoher Berg, aber da kannst du auf einen Schlag in arktische Wetterbedingungen kommen. Das fasziniert mich. Oder Pitztal und Ötztal, über den Gletscher gehen und dann die Eiswand rauf ...« Dafür steht sie auch gern um drei Uhr morgens auf und zieht mit der Stirnlampe los. »Dann geht die Sonne auf, und du steigst mit der Sonne nach oben. Das ist schon wahnsinnig toll.«
Sie hat so ihre Probleme mit Männern in den Bergen. Als sie einmal mit drei Frauen unterwegs war, wurden sie von einer Gruppe von ein paar Männern abwechselnd attackiert und angemacht. »Das nervt«, sagt sie, und es nervt sie auch, daß sie sich den Platz als Seilerste in einer gemischten Gruppe so hart erkämpfen muß, auch wenn klar ist, daß sie die beste Kletterin ist. »Und wenn du es dann schaffst, und es hat Spaß gemacht, du hast dich durchgesetzt, dann verlieben sich die Männer in dich. Dadurch wirst du dann wieder kleingehalten. Du wirst nicht einfach als gute Bergsteigerin anerkannt, wie das bei einem Mann der Fall wäre«, ist ihre Erkenntnis. »Wenn du wirklich gut bist, sprechen sie dir deine Weiblichkeit ab. Dann hast du halt ein paar falsche Hormone, bist keine richtige Frau.«
Achttausender hat sie noch nicht im Visier, obwohl sie mit einer Freundin schon die Annapurnaumrundung gemacht und dabei einen etwa sechstausend Meter hohen Berggipfel neben der Paßhöhe bestiegen hat. Ihr Traum ist der Mount McKinley.

Der Berg ruft – alle kommen

Die wohl bizarrste Expedition auf einen Himalayaberg startete im Herbst 1997 die Mexikanerin Anna Mendez Tena de Luca. Unter dem Namen »Prayer on Everest Summit for Peace and against Hunger 1997« startete die alpinistisch unerfahrene Frau mit ihrem Mann, zwei Freunden und einer Yakkarawane in Richtung Everest. »Ich folgte einer Vision!« sagte sie begeistert. »Von allen lateinamerikanischen Kirchen« bekam sie dafür rund hundertdreißigtausend Dollar, die ihr in Kathmandu sofort abgezockt wurden, wie sie berichtete. »Wir mußten die Expedition abbrechen, weil wir die Genehmigung nicht bezahlen konnten«, meinte sie. Aber Liz Hawley sagte nur: »Die haben gar keine Genehmigung bekommen und wären wohl über das Basislager auch nie hinausgekommen.« Das Geld reichte immerhin für das teure Everest-Hotel in Kathmandu, wo Anna Mendez Sherpa und Agenturangestellte segnete und für den Frieden und ihr Geld betete. »Für uns beten fünfzig Millionen Menschen«, rief sie begeistert, »das hat uns vor den Lawinen gerettet. Gott erhört uns mitten auf dem Everest. Ich fühlte mich wie Frau Lot – hinter uns stürzten Sodom und Gomorrha ein, und wir entkamen.« Ihr Mann präsentierte zum Beweis eine kleine Videokamera, auf der man eindrucksvoll drei Lawinen sehen konnte, die von Lhola, Lhotse und Nuptse in das Khumbugletschertal donnerten.

Studentenbewegung, Frauenbewegung, Hippie- und New-Age-Tendenzen und Computer sind auch am Bergsteigen nicht spurlos vorübergegangen. Die neue Lässigkeit, die Snowboarderinnen und Snowboarder demonstrieren, findet seit Jahren auch Raum beim Bergsteigen. Die Kleidung hat sich stark verändert, ist modischer, farbiger, frecher geworden. Das allerdings diktiert oft die Ausrüstungsindustrie.
Es gibt viele Bergsteigerinnen, die sich bunte Tücher turbanartig um den Kopf schlingen, die sich so anziehen, wie sie selbst es für schön und praktisch halten, auch wenn es den ästhetischen Vorstellungen der traditionsbeladenen Alpenvereine nicht entspricht. Rastalocken, gepiercte Gesichter und Körper, Punkfrisuren, Designer-Rucksäcke, Dirndlkleider, Zöpfe – heute kann man auf hohen Bergen wirklich alles sehen.
Serles Brandauer leitet in der Steiermark ein Haus, in dem etwa zwanzig Menschen übernachten und essen können. Oft läuft sie leichtfüßig im Dirndlkleid auf den fast dreitausend Meter hohen Preber. Es kommt vor, daß sie danach eine indianische Schwitzhütte für die Hausgäste macht. Die Liebe zur Natur ist das Wichtigste in ihrem Leben. Sie genießt den Kontakt zu den Elementen und pflegt die Verbindung zu Berggeistern und Göttinnen, stellt ihnen kleine Gaben und Schreine auf.

Christina Noble, Ethnologin, Abenteurerin, zieht es auf ganz besondere Weise in die Berge des Himalaya. Sie ist keine Bergsteigerin, aber sie wanderte ein Jahr lang mit den nomadischen Hirten von Kangra und Gadderan, den Gaddis, zu ihren Sommerweideplätzen hoch oben auf der Höhe von Lahaul in Nordindien über mehrere Pässe, zum Teil über fünftausend Meter hoch, bis zum Fuß des Kailash und wieder hinunter zu den Winterquartieren in Kangra. Sie lebte mit ihnen, lernte ihre Sprache und schrieb ein Buch über sie. Wenn die Gaddini, die Frauen der Hirten, sie fragten, ob sie keine Kinder habe (was als schreckliches Unglück gilt und sofort mit rituellen Opferungen ausgeglichen werden muß), sagte sie ihnen unbekümmert die Wahrheit: Ihr indischer Mann und ihre beiden Kinder lebten in Manali, während sie den Hirten in die hohen Berge folgte. Ob dafür Opferungen nötig sind, ist nicht überliefert …

Brenda Rigg begegnete ich am Fuß der Ama Dablam in folgendem Aufzug: Sie hatte grüngefärbte kurze Haare, trug ausgezeichnete Bergschuhe, ein rotes dünnes Seidenhemd mit bunter Paillettenbestickung, rote Wollhosen, eine blaue und eine rote Socke. Ihre Goretexjacke steckte zusammen mit Schlafsack, Biwaksack und Wasserflasche in einem uralten Rucksack. Frauen tragen ihren unkonventionellen Lebensstil mehr und mehr auf hohe Berge. Es scheint, daß eine Demokratisierung stattgefunden hat: Wer gesund und kräftig genug ist, kann hoch hinaufsteigen bis ins Eis. Zwar wird auf den Hütten so manches Äußere einer Frau spöttisch oder feindselig kritisiert, aber das kümmert keine mehr. War es für Frauen noch vor Jahren undenkbar, allein auf Berge zu steigen, ohne Führer, Träger, Begleiter, ohne Gruppe, ohne Freunde, sieht man heute viele Frauen allein bergsteigen, ja sogar klettern. Lesbische Frauen haben sich zur Hike-Dyke-Vereinigung zusammengeschlossen und machen zusammen Bergtouren.

Viele Frauen, die auf hohe Berge steigen, beschäftigen sich intensiv mit spirituellen Themen und suchen beim Bergsteigen Begegnungen mit den Elementen und mit der Natur, aber auch die Meditation, die mit dem Gehen, mit dem Klettern verbunden ist. Für Alexandra David-Néel war das Gehen, das Bergsteigen, Mittel zum Zweck: Auf ihrem Weg von einem buddhistischen Kloster zum nächsten, von einer wesentlichen Erkenntnis zur anderen, scheute sie keine Mühe, Erschöpfung, Schrecken oder Gefahr. Es war ihr egal, was sie essen würde, wo sie schlafen würde. Ihr Weg ging nach innen. David-Néel hat heute viele Anhängerinnen, die auf ihren Spuren durch die Himalayaberge, durch Indien und Tibet ziehen, denen das mystische Erlebnis mit einem Berg wichtiger ist als ein Gipfelsieg, ein Erfolg an einem Berg. Margaret Carter folgte Alexandras Spuren, von China aus trampte sie mit ihrem Sohn über Kashgar bis Darchen, umrundete den Kailash und trampte weiter durch ganz Tibet, wanderte zum Kangshunggletscher an der Nordostseite des Everest, stieg über hohe Pässe, was nichts Besonderes ist, weil das heute viele Frauen tun. Nur – Margaret war zu diesem Zeitpunkt neunundsechzig Jahre alt, und sie war insgesamt sechsmal in Tibet.

Auf dem Weg zur Gangesquelle begegnete ich einer Amerikanerin, die in Los Angeles lebt und seit Jahren Anhängerin des Hinduismus ist. Oberhalb der Gangesquelle hielt sich gerade ein Meister auf, den sie unbedingt sehen wollte. Sie war völlig ungeübt im Bergsteigen. Sie trug einen weiten Rock und Turnschuhe – der absolute Alptraum eines Alpenvereinsbergsteigers. Diese Frau stieg ohne Probleme auf über viertausend Meter auf, folgte ihrem Meister noch ein Stückchen höher, weil er dort eine besonders heilige Stelle entdeckt hatte, an der er eine Puja, ein Fest, machen wollte. Unbeschadet stieg sie nach einigen Tagen wieder ab, restlos glücklich. Wenn diese Tour für sie strapaziös war, sah man es ihr jedenfalls nicht an. Sie war motiviert, das fing ihre mangelnde Erfahrung offenbar völlig auf.

Christine Eberl, die an Gertrude Reinischs Expedition zur Shisha Pangma teilnahm, ist wohl eine der ersten Extrembergsteigerinnen, die öffentlich erklärt, ein Ritual auf einem hohen Berg gemacht zu haben: »Ich habe einen kultisch anmutenden Ort entdeckt. Er weckt in mir das Bedürfnis, Zeichen zu setzen, die sich über eine begrenzte Zeit in die Landschaft einfügen. Ich lege als Symbol einen Steinkreis zum Auftanken von Energie. Auf einem weitläufigen Platz richte ich eine Ost-West-Linie mit Steinen aus.« Vermutlich haben viele Bergsteigerinnen kleine Rituale, mit denen sie die Verbindung zu Felsen und Erde herstellen. Aber keine hat bisher so offen darüber berichtet. Von einer Extrembergsteigerin, die auf einen Achttausender steigen will, erwartet man einfach nicht, daß sie eine rituelle Handlung begeht. Eher schon, daß sie ehrgeizig nach oben strebt. Arlene Blum erwähnt in ihrem Annapurna-Buch, daß sie Gänse sah, die über den Gipfel der Annapurna von Tibet nach Indien flogen. Sie sinnierte über die Leichtigkeit, mit der die Gänse ihre Reise machen konnten, und sagt: »Ein Berg gehört dir nie. Du steigst hinauf, hinterläßt Fußspuren, der Wind weht sie fort.«

Elizabeth Hawley, Chronistin der Himalayaexpeditionen

Seit fast vierzig Jahren lebt die amerikanische Journalistin Elizabeth Hawley in Kathmandu, Nepal. Sie kam, um »nur kurz« zu bleiben, aber die Himalayaberge zogen sie auf besondere Weise in ihren Bann: Sie steigt nicht auf hohe Berge, aber sie dokumentiert alle Expeditionen, schreibt alle Namen und alle Einzelheiten auf, besucht Bergsteiger in ihren Hotels oder schickt ihren Mitarbeiter hin, aber öfter noch kommen die Expeditionsmitglieder zu ihr, um sich von ihr interviewen zu lassen. Sie ist eine Legende, eine feste Einrichtung, ein Mythos – Frau Everest. So richtig befreundet ist kaum einer der Bergsteiger mit ihr. »Sie ist humorvoll, interessiert, aber immer ein bißchen distanziert«, sagt Allan Treadwell, der an einer Makaluexpedition teilnahm. Als wir ihr sagten, daß unsere Expedition ›Death by Dhal Bat‹ heißt (›Tod durch Dhal Bat‹, Dhal Bat ist das traditionelle Linsengericht der Nepali), was wir sehr komisch fanden, hat sie nicht mit der Wimper gezuckt!« Das überrascht nicht, wenn man hört, was sie vom Extrembergsteigen denkt: »Vermutlich muß man dafür ein bißchen masochistisch sein. Aber viele steigen da hinauf, weil sie ihren Namen in der Zeitung lesen wollen.«

Der Besuch bei Miss Hawley, Miz Liz, wie sie von vielen genannt wird, ist unerläßlich. Ins Ministerium für Tourismus müssen alle gehen, zu Miz Liz wollen sie unbedingt gehen. Vielleicht, weil sie alle Teil ihrer Chronik, ihrer Aufzeichnungen werden wollen. Wer von ihr nicht notiert, nicht bemerkt, nicht verewigt wurde, existiert auf hohen Bergen im Himalaya nicht. Liz Hawley, zierlich, elegant, hat einen trockenen Humor und eine gesunde Portion Skepsis. »Die Berichte von Gipfelbegehungen sind mit Vorsicht zu genießen«, lächelt sie. »Natürlich erobert man einen Berg nie.«
Die Everestbesteigung der Sherpani Pasang Lhamu erboste sie besonders. »Pasang Lhamu war keine erfahrene Bergsteigerin. Sie führte die Expedition nur auf dem Papier, dahinter stand ihr Mann, der ein Expeditionsgeschäft in Kathmandu betreibt. Das Gerede von ihrer Hingabe an den Everest war Unsinn. Sie wollte da nicht hinauf, aber ihr Mann fand, das sei gut für sein Geschäft, also sagte er, sie soll hinaufsteigen. Und wenn in Asien ein Mann einer Frau etwas befiehlt, hat sie zu gehorchen. Sie weinte, als sie zum Gipfel aufbrechen mußte. Fünf Sherpa begleiteten sie. Sie wußte kaum, wie man Steigeisen anlegt. Nachdem sie den Gipfel erreicht hatte, kam der schwierigste Teil, der Abstieg. Dem war sie nicht gewachsen und erreichte das Hochlager nicht mehr. Es gibt unter dem Gipfel eine kleine Mulde, in der auch Rob Hall 1996 starb. Als sie sich zum Sterben hinlegte, blieb ein Sherpa bei ihr. Auch er starb. Man machte sie zur Märtyrerin. Sie wurde dem persönlichen Ehrgeiz ihres Mannes buchstäblich geopfert.«

Anfang der sechziger Jahre begann Liz Hawley für die Nachrichtenagentur Reuters und für das »American Alpine Journal« aus Nepal zu berichten. Seither sammelt sie auch Expeditionsberichte und Daten, interviewt Expeditionsleiter und TeilnehmerInnen. Wird ihr das nicht manchmal langweilig, immer die gleichen Expeditionsberichte zu hören? »Das kann man wohl sagen. 1998 waren einhundert Expeditionen im Himalaya auf der nepalischen Seite unterwegs, allein dreißig zur Ama Dablam. Am 17. Mai beispielsweise befanden sich zwölf Expeditionen im Basislager und in den Hochlagern der Ama Dablam. Lagerplatz wurde knapp, die Leute drängten sich alle auf derselben Route.«
Im »American Alpine Journal« und in »Klettern« werden regelmäßig die Auszüge aus ihrer Himalayachronik mit den wichtigsten Besteigungen und Ereignissen veröffentlicht. Miss Hawley hat viel zu tun.
»Ich stehe jeden Morgen ohne Ausnahme um sieben Uhr auf«, erzählt Elizabeth Hawley. »Um halb acht frühstücke ich in meiner Wohnung in Dilli Bazaar. Mein Büro habe ich seit einundzwanzig Jahren unter meiner Wohnung, ich bin Execution Officer des Hillary Himalaya Trusts und überwache die Projekte. Um acht Uhr kommt mein Mitarbeiter Angrita Sherpa, um mit mir die nötigen Aktivitäten des Trusts zu besprechen. Wir betreuen unter anderem Schulen und Krankenhäuser, die der Trust eingerichtet hat. Um neun Uhr kommen die Mitglieder von Expeditionen zu mir. Ich habe Formulare für sie vorbereitet, die sie fast ausnahmslos für meine Expeditionsstatistik ausfüllen: Route, Gipfel, wie viele

Expeditionsteilnehmer, welche Nationalitäten«, sagt sie. Erfährt sie auch etwas über illegale Besteigungen? »Ich bin ja nicht die Polizei, zu mir kommen gelegentlich auch Bergsteiger, die ohne Genehmigung auf irgendeinen Siebentausender oder Achttausender gestiegen sind«, Liz Hawley lächelt. »Ich ermutige alle Expeditionen und Extrembergsteiger, sich bei mir zu melden. Reinhold Messner schätze ich besonders, er ist ein intelligenter, charmanter Mann und ein sehr begabter Bergsteiger. Und er hat ein großes Ego. Kein einfacher Mensch.« Daß viele Expeditionsteilnehmer nach der Tour nicht mehr miteinander sprechen, wundert sie nicht. »Expeditionsteams sind eine schwierige Gemeinschaft. Neid und Ehrgeiz stören das Klima. Wenn ich's nicht kann, darf der es auch nicht können, noch dazu ohne Sauerstoff ...« Sind Frauen anders? »Es gibt nicht so viele, die so hoch aufsteigen. Die Frauenseilschaften, mit denen ich gesprochen habe, schienen sehr gut miteinander auszukommen. Männer glauben ihnen oft nicht, weil sie schließlich das ›schwächere Geschlecht‹ sind.« Ein verschmitztes Lächeln fliegt über ihr Gesicht und wird sofort wieder eingefangen.
Klein und energisch sitzt sie hinter ihrem penibel aufgeräumten Schreibtisch. Sie ist wach, lebendig, man sieht ihr nicht an, daß sie schon weit über siebzig Jahre alt ist. Die von ihr gegründete Agentur »Tiger Tops Adventure Travel« muß jetzt allerdings auf ihre tägliche Anwesenheit verzichten, sie arbeitet zwar noch mit, aber von ihrem eigenen Büro in Dilli Bazaar aus. Zu welchen Orten in Nepal reist sie am liebsten? »Ich reise überhaupt

nicht«, sagt sie resolut. »Ich muß schon wegen meiner Arbeit in Kathmandu sein. Ich habe vier verschiedene Jobs, ich muß ja die Miete bezahlen. Obwohl mein Leben von Expeditionen bestimmt wird, steige ich selbst nicht hoch hinauf. Der höchste Ort, an dem ich war, ist das Kloster Thyangboche (3900 Meter), wo ich mit Sir Hillary war. Ich bin eine akademische Bergsteigerin«, lacht sie. Eine der Bergsteigerinnen, die sie am meisten bewundert, ist Chantal Mauduit, die 1998 am Kangchendzönga starb. »Sie hatte insgesamt sechs Achttausender bestiegen! Natürlich war sie nicht verheiratet, wie Wanda Rutkiewicz, die ja geschieden war. Sie war frei, sie konnte ihre ganze Energie dem Bergsteigen widmen. Als Chantal auf dem Lhotse war, behauptete ein Teamkollege, daß sie nicht oben war. Es gibt ein paar Gründe, warum ich ihr glaubte und nicht ihm. Einer war, daß eine Frau, die den gleichen Daunenanzug in der gleichen Farbe wie Chantal trug, nachweislich umgekehrt war. Der andere Grund war, daß er ein abgewiesener Liebhaber war. Er war also kein idealer Zeuge.« Sie lacht kurz auf.

Wir kommen auf Lydia Bradey zu sprechen. »Eine komplizierte Angelegenheit«, sagt sie. »Rob Hall, der Expeditionsleiter hatte zwar selbst einen Versuch am Südpfeiler gemacht, für den er keine Genehmigung hatte, aber das konnte er vertreten. Er machte einen Aufstand, als Lydia allein zum Gipfel ging, natürlich auch illegal. Wenn er seinen Mund gehalten hätte, wäre die Sache vermutlich gar nicht so aufgewirbelt worden. Aber er hatte der Hillary-Stiftung versprochen aufzupassen, daß

Lydia nicht illegal geht, denn sie war vorher im Karakorum schon auf einen Gipfel ohne Genehmigung geklettert. Aber natürlich maß er mit zweierlei Maß. Was für ihn in Ordnung war, ging für Lydia nicht. Später sprach ich mit einem Bergsteiger, der am selben Tag wie Lydia oben war. Die Einzelheiten, die er mir erzählte, deckten sich vollständig mit denen von Lydia. Für mich ist sie die erste Frau ohne künstlichen Sauerstoff auf dem Everest.«

Liz Hawleys Tag ist ausgefüllt wie der einer jungen Managerin. »Mittags gehe ich sehr selten in ein Restaurant, weil ich oft abends zu Dinnerpartys oder offiziellen Anlässen eingeladen bin. Am Nachmittag bespreche ich mich mit Mitarbeitern des Tourismusministeriums, die mich über geplante Expeditionen und über die touristische Entwicklung Nepals informieren. Ich arbeite ja immer noch für die Nachrichtenagentur Reuters und einige amerikanische und europäische Zeitschriften und Zeitungen. Wenn ich die internationale Presse gelesen und meine Artikel geschrieben, die Meldungen zusammengestellt habe, kommen am späten Nachmittag meistens noch Expeditionsmitglieder, entweder auf ihrem Weg in die Berge, manchmal auch, um sich Informationen von anderen Expeditionen zu holen, oder auf ihrem Rückweg. Manche kommen auch nicht mehr zurück. Ich sage immer, sie müssen sich unbedingt bei mir melden. Ich weiß zwar nicht alles über den Verlauf von Expeditionen, aber ich bin schon sehr gut informiert.« Das dürfte ein massives Understatement sein,

denn niemand ist besser informiert als sie, nicht einmal das Tourismusministerium. Viele Namen und Ereignisse hat sie im Kopf, aber sie winkt ab: »Mein Gedächtnis ist nicht so gut. Ich schreibe alles auf. Ich habe alles im Archiv.« In der Hochsaison ist sie auf Hilfe angewiesen. »Mein nepalischer Mitarbeiter kommt gegen achtzehn Uhr, ich gebe ihm Informationen über die Hotels, in dem Expeditionsteilnehmer wohnen und über die geplanten Touren. Das schaffe ich allein nicht mehr. Ja, das Alter ist ein Problem: Ich lebe jetzt seit fast vierzig Jahren in Nepal, in Amerika, wo ich geboren bin, fühle ich mich nicht mehr zu Hause; ich besuche zwar gelegentlich meine Nichte und meine Cousine, aber meine Heimat ist hier, in Kathmandu. Als meine Mutter krank wurde, holte ich sie zu mir nach Nepal. Sie wurde von fünf Helferinnen rund um die Uhr betreut. Eine junge Sherpafrau war wunderbar. Sie sprach kein Englisch, aber meine Mutter war begeistert von ihrer menschlichen Wärme und ihrer Mimik! In Amerika muß man Millionär sein, um so eine Pflege zu bekommen. Ich sehe meine Freunde alle wegsterben – Nepali werden nicht so alt wie wir, das ist sehr traurig. Ich habe auch nicht mehr so viel Energie wie früher und schließe nicht mehr so leicht Freundschaften. Ich war nie verheiratet, wollte auch nie heiraten und habe es nie bereut.«
Sie lebt in dem feinen Vorort von Kathmandu, Dilli Bazaar. Die Abende verbringt sie gern zu Hause, lesend, Musik hörend. »Ich hatte mal einen Fernseher, aber jetzt interessiert mich das überhaupt nicht mehr, ich habe ihn abgeschafft.«

Manchmal geht sie auf Empfänge von Botschaften, »da erfährt man immer viele Neuigkeiten«. Hawley ist keine Müdigkeit anzumerken.
Als wir im Yak und Yeti Hotel zu Mittag essen, kommt der Manager auf uns zu. Elizabeth Hawley ist bewunderte und gefürchtete Autorität. »Viele fühlen sich von mir eingeschüchtert«, lächelt sie. Der Manager erzählt Hawley begeistert von seinem Millennium-Projekt, das bereits ausverkauft ist: Dreißig Leute werden mit Helikoptern nach Thyangboche geflogen, wo es im Kloster einen Brunch gibt, dann werden sie zum Basislager geflogen. Dort gibt es Champagner. Er strahlt. Liz Hawleys Miene verdüstert sich. »Haben Sie dafür gesorgt, daß höhenkranke Teilnehmer zurücktransportiert werden können?« Sie schüttelt den Kopf. »Ich würde mich jedenfalls zum Jahreswechsel 2000 bestimmt nicht in ein Flugzeug oder einen Helikopter setzen, wer weiß, was der ›millennium-bug‹ anstellt. Außerdem wird es sehr, sehr kalt dort oben.« Für Leute, die angeben wollen, hat sie ohnehin nichts übrig. Deshalb imponierten ihr Liliane Barrard und ihr Mann. »Als sie 1985 vom Makalu kamen fragte ich: Wart ihr oben? Sie sagten: ›Dreißig Meter unterhalb des Gipfels mußten wir umkehren. Auch auf allen vieren schafften wir es nicht hochzukriechen, weil der Wind so stark war.‹ Ich bewundere dieses Geständnis. Sie hätten leicht sagen können, sie waren oben. Niemand hätte es gemerkt. Ich kenne nicht viele, die in so einer Situation so ehrlich sind.«

In der Schweiz wurde ihr im Herbst 1998 für ihre Arbeit die Goldmedaille der King Albert I. Memorial Foundation verliehen. »Ich war fast länger in der Luft als in der Schweiz!« stöhnt sie. Aber sie ist doch sichtlich erfreut. »Die Medaille ist reines Gold!«

Im nächsten Jahr wird das Buch, das sie zusammen mit Richard Salisbury schreibt, in Seattle im Verlag The Mountaineers erscheinen, ihr Lebenswerk. »Der erste Teil ist eine Chronik aller Besteigungen der Expeditionsgipfel in Nepal, der zweite eine Analyse der Besteigungen, Erfolgsraten, Todesfälle, Statistiken über Nationalitäten, Geschlecht, Jahreszeit usw.« Demnächst erhält sie auch mehr Hilfe bei ihrer Arbeit. Eine Amerikanerin will für drei Monate Expeditionsteilnehmer für sie interviewen. »Sie sagt, sie hat einfach zu viele Tote da oben gesehen und hat vom Bergsteigen vorerst genug. Sie bringt sogar ihren eigenen Laptop mit!« sagt Hawley und nickt zufrieden.

Wenn sie nach Hause geht, wird sie im Radio BBC hören und dazu eine Patience legen, vielleicht noch ein Kreuzworträtsel der »Herald Tribune« lösen und nicht zu spät ins Bett gehen, denn morgen warten neue Herausforderungen auf sie.

»Ach übrigens«, sagt sie beim Abschied, und ich habe das Gefühl, das klingt doch ein wenig triumphierend, »alle Achttausender wurden mittlerweile von mindestens einer Frau bestiegen.«

»A WOMAN'S PLACE IS ON THE TOP«

I've looked at clouds from both sides now
from up and down and still somehow
its cloud illusions I recall
I really don't know clouds at all
Joni Mitchell

FRAUEN AUF DEM EVEREST

Am 16. Mai 1975, zweiundzwanzig Jahre nach Sir Edmund Hillary und Tenzing Norgays Everesterstbegehung steigt die fünfunddreißigjährige Japanerin *Junko Tabei,* die mit einer japanischen Frauenseilschaft unterwegs ist, als 38. Mensch und erste Frau auf den Everestgipfel. Junko Tabei geht heute immer noch auf hohe Berge, aber hauptsächlich engagiert sie sich für den Umweltschutz im Himalaya und versucht gerade, eine Sorte robuster japanischer Äpfel im Khumbu anzusiedeln.

1924 war die erste Frau, die je zum Everest wollte, die Französin *Anne Bernard,* bei einem Everestkomitee abgeblitzt, als sie sich für eine Everestexpedition anmelden wollte.

Die Tibeterin *Phantog* stieg am 27. Mai 1975 von der Nordseite auf den Gipfel.
Als dritte Frau überhaupt und 76. Mensch erreichte am 16. Oktober 1978 die Polin *Wanda Rutkiewicz* den Everestgipfel, sie starb im Mai 1992 auf dem Kangchendzönga.
Ihr folgte am 2. Oktober 1979 *Hannelore Schmatz,* die erste Deutsche, die beim Abstieg starb. Sie mußte mit ihrem amerikanischen Seilgefährten Ray Genet oberhalb des Südsattels biwakieren. Beide überlebten die Nacht nicht. Expeditionen berichten, daß sie am Südsattel herumgeistert. Jahrelang lag ihre Leiche mit offenen Augen direkt an der Südroute zum Gipfel. Verschiedene Expeditionsteilnehmer erzählten unabhängig voneinander, daß Hannelore Schmatzs Augen ihnen folgten, als sie an ihr vorbeigingen. Irgendwann verschwand sie.
Die Inderin *Bachendri Pal* erreichte am 23. Mai 1984 den Everestgipfel über die klassische Südroute.
Erst zwei Jahre später folgt die Kanadierin *Sharon Wood,* am 20. Mai 1986, über den Westgrat von Tibet aus.
Die erste Amerikanerin, *Stacy Allison,* erreicht über den Südostgrat von Nepal aus am 29. September 1988 und im zweiten Team derselben Expedition auch die Amerikanerin *Peggy Luce* den Gipfel.
Viele Mythen ranken sich um den Aufstieg wenige Tage später, am 14. Oktober 1988, der Neuseeländerin *Lydia Bradey,* die mit dem Expeditionsleiter Rob Hall unterwegs war. Sie trennte sich von den Neuseeländern, die nicht mit ihr aufsteigen wollten, und stieg allein zum Gipfel. In Liz Hawleys Liste wird sie als »260. Mensch

auf dem Everest, Südostgrat, weiblich, ohne Sauerstoff« geführt. Miss Hawley ist sich absolut sicher, daß Bradey auf dem Gipfel war. »Sie konnte alle Einzelheiten des Wegs genau beschreiben, ein Mitglied einer anderen Expedition, der am selben Tag oben war, bestätigte mir diese Einzelheiten. Er hatte keinen Zweifel, daß sie oben war. Damit ist sie die erste Frau ohne Sauerstoff auf dem Everest.«

Am 9. Mai 1990 stieg die Tibeterin *Gui Sang* von Tibet aus auf den Gipfel, ihr folgte die erste Russin *Jekaterina Ivanova*, am 10. Mai, ebenfalls von Tibet aus über den Nordgrat, die 1994 auf dem Kangchendzönga starb. Die erste Französin, *Christine Janin*, erstieg am 5. Oktober 1990 den Everest über den Südostgrat von Nepal aus, am 7. Oktober folgte die erste Slowenin *Maria Stremfelji* ebenfalls über den Südostgrat mit ihrem Mann, und am selben Tag erreichte auch *Cathy Gibson*, US-Amerikanerin über diese Route den Gipfel.

Erst zwei Jahre später, am 12 Mai 1990, machte sich wieder eine Frau auf den Weg; mit einer Expedition, die von dem Neuseeländer Rob Hall geleitet wurde, kam *Ingrid Baevens* zum Gipfel.

Als 427. Mensch ging mit einer Expedition der indischen Grenzpolizei *Santosh Yadav* am 12. Mai 1992 von Nepal aus auf den Gipfel.

Ein Jahr später, am 22. April 1993, erreichte die erste Frau Nepals, *Pasang Lhamu*, den Gipfel und starb beim Abstieg. Ihr Körper wurde, entgegen nepalischer Glaubensvorstellungen, vom Berg heruntergeholt. Sie wurde zur Volksheldin. Mit Pasang Lhamu ging *Nimi Sherpa*, al-

lerdings nicht ganz bis zum Gipfel. Sie hat mittlerweile viele Sechs- und Siebentausender bestiegen und gilt als eine der besten Bergsteigerinnen Nepals. Sie betreibt ein Expeditionsgeschäft in Kathmandu.
Die erste Südkoreanerin auf dem Everest, *Kim Soon-Joo*, erreichte am 10. Mai 1993 über den Südostgrat von Nepal aus mit einer weiblichen Expeditionsleiterin, Ji Hyun-Ok, den Everestgipfel. Am selben Tag folgten ihr die Expeditionsleiterin *Ji Hyun-Ok* und *Choi Oh-Soon*. Damit war die koreanische Gruppe die erste erfolgreiche Frauenexpedition zum Everest.
Auch die Expedition unter der Leitung der ersten Inderin auf dem Everest, *Bachendri Pal*, war erfolgreich. Drei Frauen erreichten vom Südostgrat aus den Gipfel: *Dicky Dolma*, *Kunga Bhutia* und zum zweiten Mal *Santosh Yadav*, die damit die einzige Frau ist, die zweimal auf den Everest stieg. »Erstaunlich, die Inderinnen«, kommentierte Liz Hawley, »sie waren so jung, als sie aufstiegen!« Am gleichen Tag stiegen auch die Amerikanerin *Mary (Dolly) Lefever* und die Neuseeländerin *Jan Arnold* unter der Leitung von Rob Hall über den Südostgrat auf.
Aus Bachendri Pals Expedition erreichten am 16. Mai 1993 die Inderinnen *Radha Devi Thakur*, *Deepu Sharma*, *Savita Martolia* und *Suman Kutiyal* den Everestgipfel. Sie waren die »petite Indian ladies«, die Rebecca Stephens in ihrem Buch um ihre Leichtigkeit beneidete.
Rebecca Stephens schaffte einen Tag später, am 17. Mai 1993, den Aufstieg zum Gipfel als erste Britin. Die Frühjahrssaison 1993 wurde damit zur erfolgreichsten Saison für Frauen am Everest bisher.

Am 7. Oktober 1993 folgte die Britin *Ginette Harrison* mit einem britischen Team Rebecca Stephens Beispiel. In ihrer Gruppe befand sich auch der mit sechzig Jahren bisher älteste Mann, der je auf dem Everest war, der Spanier Ramon Blanco.

Erst am 12. Mai 1995 hatte wieder eine Frau Lust, auf den Everest hinaufzusteigen, und zwar von der tibetischen Nordseite aus, die erste Taiwanesin *Chiang-Hsui-Chen*. Einen Tag später folgte die Engländerin *Alison Hargreaves*, im Alleingang und ohne Sauerstoff. Strittig ist bis heute, ob Lydia Bradey, die Neuseeländerin, oder Alison Hargreaves die erste Frau ohne Sauerstoff auf dem Everest war. Hargreaves wurde im Basislager von ihrem Mann und den beiden kleinen Kindern erwartet. »Alison Hargreaves war eine außergewöhnliche Frau«, kommentiert Elizabeth Hawley, »sie war besessen. Sie ging zwar nie wirklich im Alleingang, wie ihr Mann immer behauptet, wie sollte das auch gehen, wenn zweihundert andere Leute am Berg sind, sie ging aber ›unsupported‹, völlig auf sich gestellt, brachte alles mit, was sie benötigte. Sie benutzte nicht einmal ein Seil von anderen.«

Im Mai 1996, in der katastrophalsten Saison am Everest bisher, bei der elf Menschen starben, erreichten *Charlotte Fox*, Amerikanerin, die Dänin *Lene Nielsen-Gammelgaard* und die Amerikanerin *Sandy Hill Pittmann* der Scott-Fischer-Expedition am 10. Mai den Gipfel und überlebten eine Sturmnacht auf etwa achttausend Meter Höhe ohne Zelt und Schlafsack. Die siebenundvierzigjährige *Yasuko Namba*, die bisher älteste Frau auf dem Everest, sagte beim Aufstieg einem anderen Expeditionsteilnehmer: »Mein Mann kocht zu Hause, während ich bergsteige. Er ist meine Frau.« Sie hatte kein Glück. Sie erfror in dieser Nacht auf dem Südsattel.

Unter der Leitung des Filmemachers und Bergsteigers David Breashears erreichte am 23. Mai 1996 die hervorragende Freeclimberin *Araceli Segarra* als erste Spanierin den Everestgipfel. Traumatisiert von den schrecklichen Ereignissen, hatte sie die Rettungsaktion miterlebt, die David Breashears für die in Bergnot geratenen Menschen organisierte, und dann trotzdem die Gelegenheit ergriffen, bei perfekten Wetterbedingungen erfolgreich zum Everest aufzusteigen.

Die erste Südafrikanerin, *Cathy O'Dowd,* aus einer von Nelson Mandela unterstützten Expedition erreichte zwei Tage später den Gipfel. Ihr Gefährte starb. Am 26. September stieg über den Nordsattel und den Nordostgrat die erste Indonesierin *Clara Sumarwati* in einer Ein-Frau-Expedition mit vier Sherpa zum Gipfel auf.

Der 866. Mensch auf dem Everest war die Kasachin *Ludmilla Savina,* die wie Sumarwati ebenfalls von Tibet aus am 20. Mai 1997 aufstieg. Am 27. Mai desselben Jahres erreichte von der Südseite aus die Australierin *Brigitte Muir* den Gipfel.

Die Amerikanerin *Francys Arsentiev* starb am 22. Mai 1998 beim Abstieg vom Everest zusammen mit ihrem Mann *Serguei Arsentiev.* Die 1001. Person auf dem Everest ist einen Tag später die Usbekin *Svetlana Baskakova,* die von der tibetischen Nordseite aus aufsteigt. Als 1027. Person steigt die Japanerin *Sumiyo Tsuzuki* von der Nordseite am 25. Mai 1998 zum Everestgipfel.

Die letzte Frau, die 1998 den Everest bestieg ist *Sumiyo Tsuzuki.*
(Stand Januar 1999 nach einer Liste von Elizabeth Hawley)

FRAUEN AUF ACHTTAUSENDERN

Die jüngsten Frauen, die je einen Achttausender bestiegen, waren die Inderinnen Kunga Bhutia (zwanzig), Dicky Dolma (neunzehn) und Radha Devi Thakur (neunzehn) auf dem Everest.
Die ältesten Frauen waren die Japanerinnen Junko Tabei, die mit sechsundfünfzig auf den Cho Oyu stieg, Tamae Watanabe mit fünfundfünfzig auf dem Dhaulagiri, die Deutsche Otti Dörrich mit fünfundfünfzig auf der Shisha Pangma. Die älteste Frau auf dem Everest war Yasuko Namba, Japan, mit siebenundvierzig Jahren.
Die meisten Achttausender bestieg Wanda Rutkiewicz (acht Gipfel), die möglicherweise nach ihrem neunten Gipfel auf dem Kangchendzönga starb. Ihre Leiche wurde nie gefunden. Chantal Mauduit kommt Wanda am nächsten, sie bestieg sechs Achttausender und starb an ihrem siebten.
Alle vierzehn Achttausender wurden mittlerweile wenigstens von einer Frau bestiegen. Ginette Harrison, in Amerika lebende Britin, schaffte im Mai 1998 als erste Frau den Kangchendzönga.

Folgende Frauen bestiegen Achttausender im Himalaya (Elizabeth Hawley hat die Liste zusammengestellt und betont, daß ihr einige Daten im Karakorum fehlen, zu denen sie keinen Zugang hat. Die Daten in der Reihenfolge: Familienname, Vorname, Geburtsjahr, falls angegeben, Geburtsland, Gipfel, Besteigungsjahr):

Akinia, Anna, geb. 1968, Rußland, Dhaulagiri 1995, Cho Oyu 1997

Allison, Stacy, geb.1958, USA, Everest 1988

Aranzabal, Amaia, geb. 1963, Spanien, Cho Oyu 1992

Arnold, Jan, geb. 1963, Neuseeland, Everest 1993, Cho Oyu 1994, Cho Oyu 1995

Arsentiev, Francys, geb. 1958, USA, Everest 1998 (starb beim Abstieg)

Avila, Elsa, geb. 1963, Mexico, Shisha Pangma 1987

Baeyens, Ingrid, geb. 1956, Belgien, Gasherbrum II 1988, Dhaulagiri 1990, Annapurna 1991, Everest 1992

Ballard, Shirley, Kanada, Broad Peak 1995

Barrard, Liliane, geb. 1948, Frankreich, Gasherbrum II 1982, Nanga Parbat 1984, K2 1986 (starb beim Abstieg)

Baskakova, Svetlana, geb. 1956, Usbekistan, Everest 1998

Bhutia, Kunga, geb. 1972, Indien, Everest 1993

Boer, Ansja de, geb. 1958, Holland, Cho Oyu 1996

Bradey, Lydia, geb. 1961, Neuseeland, Gasherbrum II 1987, Everest 1988

Byun, Mi-Jung, geb. 1968, Südkorea, Cho Oyu 1996

Calhoun, Kitty, geb. 1960, USA, Dhaulagiri 1987, Makalu 1990

Casarotto, Goretta, Italien, Gasherbrum II 1985

Chapuisat, Marianne, geb. 1969, Schweiz, Cho Oyu 1993
Chiang, Hsiu-Chen, geb. 1971, Taiwan, Everest 1995
Choi, Oh-Soon, geb. 1969, Südkorea, Everest 1993
Czerwinska, Anna, geb. 1949, Polen, Nanga Parbat 1985
Delrieu, Frederique, geb. 1967, Frankreich, Nanga Parbat 1985
Dimitrova, Iordanka, geb. 1952, Bulgarien, Cho Oyu 1991
Doerrich, Ottilie, geb. 1936, Deutschland, Shisha Pangma 1991
Dolma, Dicky, geb. 1974, Indien, Everest 1993
Duro, Nani, geb. 1963, Andorra, Cho Oyu 1997, Makalu 1998
Ena, Tamara, geb. 1954, Ukraine, Dhaulagiri 1994
Endo, Yuka, geb. 1966, Japan, Nanga Parbat 1988, Gasherbrum I 1989, Gasherbrum II 1990, Cho Oyu 1994
Fear, Sue, geb. 1963, Australien, Cho Oyu 1998
Feld Boskoff, Christine, geb. 1967, USA, Broad Peak 1995, Cho Oyu 1996, Lhotse 1997
Ferrière, Laurence de la, geb. 1957, Frankreich, Nanga Parbat 1985
Fox, Charlotte, geb. 1957, USA, Gasherbrum II 1994, Cho Oyu 1995, Everest 1996
Frantar, Marija, geb. 1956, Jugoslawien, Nanga Parbat 1990
French, Susan, geb. 1960, Neuseeland, Cho Oyu 1996
Gammelgaard (Nielsen) Lene, geb. 1961, Dänemark, Everest 1996

Ganuza, Maria Pilar, geb. 1948, Spanien, Cho Oyu 1992
Gattone, Kimberly, geb. 1961, USA, Cho Oyu 1997
Gibson, Catherine, geb. 1955, USA, Everest 1990
Greve, Siren, geb. 1955 Norwegen, Cho Oyu 1996
Hargreaves, Alison, geb.1962, England, Everest 1995, K2 1995 (starb beim Abstieg)
Harrison, Ginette, geb. 1958, England, Everest 1993, Cho Oyu 1997, Kangchendzönga 1998
Hashimoto, Shiori, Japan, Gasherbrum II 1988
Hill Pittman, Sandy, geb. 1955, USA, Everest 1996
Hirschbichler, Barbara, geb. 1959, Deutschland, Cho Oyu 1998
Hofer, Gabriella, geb. 1951, Italien, Cho Oyu 1991
Hub, Paula, geb. 1958, Österreich, Cho Oyu 1995
Huber, Erika, geb. 1958, Österreich, Cho Oyu 1996
Huber, Ursula, geb. 1963, Schweiz, Manslu 1988
Hupfauer, Gaby, geb. 1947, Deutschland, Broad Peak 1986, Gasherbrum II 1987, Cho Oyu 1990
Ivanova, Ekaterina, geb. 1962, Rußland, Everest 1990, Manslu 1993
Janin, Christine, geb. 1957, Frankreich, Gasherbrum II 1981, Gasherbrum I 1986, Everest 1990
Ji, Hyun-Ok, geb. 1961, Südkorea, Everest 1993
Julliard, Elisabeth, geb. 1946, Frankreich, Gasherbrum II 1985
Kaltenbrunner, Geraldine, geb. 1970, Österreich, Cho Oyu 1998
Kimura, Fumie, geb. 1955, Japan, Gasherbrum II 1988, Dhaulagiri 1990
Kim, Soon-Joo, geb. 1970, Südkorea, Everest 1993

King, Magda Nos, geb. 1947, Spanien, Cho Oyu 1989
Ktagawa, Miharu, Japan, Gasherbrum II 1988
Klembarova, Livia, Tschechoslowakei, Gasherbrum II 1988
Komarkova, Vera, geb. 1942, Tschechoslowakei, Annapurna 1978, Cho Oyu 1984
Koomen-Staartjes, Katja, geb. 1963, Holland, Cho Oyu 1998
Krueger-Syrokomska, Halina, geb. 1938, Polen, Gasherbrum II 1975
Kui Sang, geb. 1956, China, Everest 1990
Kumpf, Monika, geb. 1952, Deutschland, Cho Oyu 1991
Kurai, Toyo, geb. 1944, Japan, Cho Oyu 1998
Kurze, Gerhild, geb. 1953, Deutschland, Cho Oyu 1990
Kutiyal, Suman, geb. 1969, Indien, Everest 1993
Lago, Maria Jesus, geb. 1964, Cho Oyu 1997
Lampard, Rhona, England, Gasherbrum II 1989
Lauthier, Valentina, geb. 1965,Italien, Gasherbrum II 1992, Cho Oyu 1993
LeBon, Linda, geb. 1964, Belgien, Cho Oyu 1992
Lebedova, Elena, geb. 1959, Rußland, Cho Oyu 1997
Lefever, Mary (Dolly), geb. 1946, USA, Everest 1993
Liang, Chin-Mei, geb. 1967, Taiwan, Cho Oyu 1993
Luce, Peggy, geb. 1958, USA, Everest 1988
MacDonald, Heather, geb. 1970, USA, Cho Oyu 1995, Cho Oyu 1996
Majima, Hanako, geb. 1949, Japan, Cho Oyu 1996
Martin, Yolanda, geb. 1964,Spanien, Cho Oyu 1993
Martolia, Savita, geb. 1969, Indien, Everest 1993
Matsumoto, Sachi, Japan, Broad Peak 1988

Mauduit, Chantal, geb. 1964, Frankreich, K2 1992, Shisha Pangma 1993, Cho Oyu 1993, Lhotse 1996, Manaslu 1996, Gasherbrum II 1997

Medina, Laura, geb. 1963, USA, Cho Oyu 1998

Miller, Irene, geb. 1935, USA, Annapurna 1978

Mlynarczyk, Maria, geb. 1957, Deutschland, Cho Oyu 1998

Mori, Mieko, geb. 1941, Japan, Manaslu 1974

Muir, Brigitte, geb. 1958, Australien, Everest 1997

Nagao, Taeko, geb. 1956, Japan, Broad Peak 1991, Makalu 1991, Gasherbrum II 1993, Cho Oyu 1994

Nagaseko, Naoka, geb. 1937, Japan, Manaslu 1974

Namba, Yasuko, geb. 1949, Japan, Everest 1996

Nousiainen, Toula, geb. 1947, Finnland, Cho Oyu 1998

O'Dowd, Cathy, geb. 1968, Südafrika, Everest 1996

Og, Herta, geb. 1945, Deutschland, Shisha Pangma 1988

Okopinska, Anna, Polen, Gasherbrum II 1975

Pal, Bachendri, geb. 1954, Indien, Everest 1984

Palmowska, Krystyna, geb. 1948, Polen, Broad Peak 1983, Nanga Parbat 1985

Pankiewicz, Ewa, geb. 1951, Polen, Gasherbrum I 1990

Perillat, Veronique, geb. 1962, Frankreich, Cho Oyu 1988

Phatog (Phantog), geb. 1939, Tibet, Everest 1975

Putz, Maria, Deutschland, Gasherbrum II 1993

Real, Rosa, geb. 1963, Spanien, Cho Oyu 1996

Richards, Cathleen, geb. 1949, USA, Cho Oyu 1991

Rutkiewicz, Wanda, geb. 1943, Polen, Everest 1978, Nanga Parbat 1985, K2 1986, Shisha Pangma 1987,

Gasherbrum II 1989, Gasherbrum I 1990, Cho Oyu 1991, Annapurna 1991
Sato, Yuki, geb. 1960, Japan, Cho Oyu 1992
Saul, Margret, geb. 1952, Kanada, Cho Oyu 1996
Savina, Lyudmila, geb. 1955, Kasachstan, Everest 1997
Schmatz, Hannelore, geb. 1940, Deutschland, Everest 1979
Schmid, Renate, geb. 1962, Schweiz, Dhaulagiri 1995
Segarra, Araceli, geb. 1970, Spanien, Everest 1996
Sharma, Deepu, geb. 1971, Indien, Everest 1993
Sherpa, Pasang Lhamu, geb. 1962, Nepal, Everest 1993
Stephens, Rebecca, geb. 1961, England, Everest 1993
Sterbova, Margita Dina, geb. 1940, Tschechoslowakei, Cho Oyu 1984, Gasherbrum II 1988
Stremfelj, Marija, geb. 1957, Jugoslawien, Broad Peak 1986, Everest 1990, Cho Oyu 1995
Sumarwati, Clara, geb. 1966, Indonesien, Everest 1996
Svodat, Helen, geb. 1959, Kanada, Cho Oyu 1996
Tabei, Junko, geb. 1939, Japan, Everest 1975, Shisha Pangma 1981, Cho Oyu 1996
Takahashi, Michiko, geb. 1942, Japan, Cho Oyu 1987
Tamara, Zoeva, geb. 1956, Rußland, Cho Oyu 1997
Tchekanova, Galina, geb. 1959, Ukraine, Dhaulagiri 1994
Thakur, Radha Devi, geb. 1973, Indien, Everest 1993
Todo, Taeko, geb. 1962, Japan, Cho Oyu 1996
Tsubosa, Keiko, geb. 1959, Japan, Cho Oyu 1997
Tullis, Julie, geb. 1939, England, Broad Peak 1984, K2 1986

Tuszuki, Sumio, geb. 1967, Cho Oyu 1992, Cho Oyu 1996, Everest 1998
Uchida, Masako, geb. 1941, Japan, Manaslu 1974
Valencot, Marie-Jose, Frankreich, Gasherbrum I 1982
Verge, Monica, geb. 1958, Spanien, Cho Oyu 1989
Vivijs, Lutgaarde »Lut«, geb. 1956, Belgien, Dhaulagiri 1982, Nanga Parbat 1986, Gasherbrum II 1988
Vomackova, Sona, geb. 1971, Tschechoslowakei, Makalu 1998
Walter, Marianne, geb. 1938, Deutschland, Shisha Pangma 1983
Watanabe, Tamae, geb. 1938, Japan, Cho Oyu 1991, Dhaulagiri 1994
Wheelock, Karla, geb. 1968, Mexico, Cho Oyu 1996
Wolfsgruber, Karoline, geb. 1962, Italien, Cho Oyu 1991
Wood, Sharon, geb. 1957, Kanada, Everest 1986
Wullschleger, Elisabeth, geb. 1944, Schweiz, Cho Oyu 1991
Yadav, Santosh, geb. 1967, Indien, Everest 1992, Everest 1993
Yamaguchi, Masayo, geb. 1957, Japan, Cho Oyu 1996
Yanagizawa, Nobuko, Japan, Gasherbrum II 1988
Yasuhara, Mayuri, geb. 1955, Japan, Gasherbrum II 1988, Dhaulagiri 1990
Yoshida, Fumie, geb. 1955, Japan, Cho Oyu 1993
Young, Karon, geb. 1947, USA, Cho Oyu 1991

Anzahl der Frauen auf Achttausendern

Everest	8848 Meter	44
K2	8616 Meter	4
Kangchendzönga	8586 Meter	1
Lhotse	8501 Meter	2
Makalu	8463 Meter	4
Cho Oyu	8201 Meter	66
Dhaulagiri	8167 Meter	10
Manaslu	8163 Meter	6
Nanga Parbat	8125 Meter	7
Annapurna	8091 Meter	4
Gasherbrum I (Hidden Peak)	8068 Meter	6
Broad Peak	8047 Meter	8
Shisha Pangma	8046 Meter	7
Gasherbrum II	8035 Meter	25

Stand Januar 1999

Ich habe die astrologischen Zeichen der hundertneunundzwanzig Bergsteigerinnen in Hawleys Listen ausgewertet, die ihr genaues Geburtsdatum angegeben haben, und bin zu einem interessanten Ergebnis gekommen:

Von den Frauen, die Achttausendergipfel erreichten, sind die meisten im Zeichen Wassermann geboren (sechzehn) hier ist auch die Todesrate am höchsten (vier), und zwei der Frauen erreichten mehr als zwei Gipfel (eine acht, eine vier).

Den zweiten Platz halten die Waage-Geborenen mit vierzehn Frauen, eine davon erreichte mehr als zwei Gipfel.

Den dritten Platz nehmen die Jungfrau-Geborenen ein,

zwölf erreichten einen Gipfel, zwei mehr als zwei und eine starb.
Die Überraschung sind die Fischefrauen, zehn erreichten einen Achttausender, vier mehr als zwei Gipfel. Keine Toten.
Zehn Widderfrauen erreichten ebenfalls einen Achttausender, eine erreichte mehr als zwei Gipfel, aber die Todesrate liegt hier prozentual am höchsten bei drei.
Am wenigsten Bergsteigerinnen findet man laut Hawleys Listen bei den Zwillings-Geborenen. Nur fünf gingen auf einen Achttausender, gefolgt von der nächstniedrigen Rate: die Stierfrauen mit sieben. Das heißt, die Geburtszeit Mai/Juni brachte die wenigsten Extrembergsteigerinnen hervor. Die meisten wurden im September/Oktober/November und im Februar geboren.
Die Bergsteigerinnen, die vier und mehr Gipfel erreichten, wurde alle im selben Quadranten geboren, das heißt in den Zeichen Steinbock, Wassermann, Fische und Widder.
Die höchste Sterberate halten nach meiner kleinen Statistik die Wassermann- und Widder-Frauen. Die meisten Mehrfachbesteigungen erreichten die Fische-Frauen.
Frauen, die im Element Wasser geboren wurden (Krebs, Skorpion, Fische) waren auf Achttausendern am erfolgreichsten, einunddreißig erreichten einen Achttausender, sechs davon erreichten zwei und mehr, keine starb, was den Schluß zuläßt, daß Eis und Schnee letzten Endes eben auch Wasser sind, und die Wasser-Zeichen somit in ihrem Element operieren.
Daß die erfolgreichste Bergsteigerin Wanda Rutkiewicz

Wassermann-Geborene (Element Luft) ist, könnte man schon so deuten, daß die in diesem Zeichen Geborenen neue Wege suchen und neue Konzepte wagen, nicht leicht aufgeben und sich nichts sagen lassen.
Daß andererseits die Fischefrauen so zahlreich auf so viele Gipfel steigen, läßt die Spekulation zu, daß sie sich hinaufträumen. Fische-Geborene haben mit der alltäglichen Realität oft ihre Schwierigkeiten, deshalb sind Extremsituationen vielleicht überhaupt erst die Herausforderung für ihre ganz besonderen Qualitäten.

Nachwort

Ich stehe auf der Dachterrasse des Kathmandu Guesthouse. Den letzten Tag des Jahres 1998 habe ich mit Elizabeth Hawley verbracht. Der fast volle Mond steigt über Kathmandu auf. Überall leuchten bunte Lichter und ein paar Feuer. Die Musik schwillt an, die Hunde bellen sich die Stimmbänder aus dem Leib, rechts »I wanna be free!« links Tablas und Flöten. »Happy new year«, sagt der Nachtwächter. »Aber für Nepali ist gar nicht Neujahr«, sage ich. »Tourist new year«, lacht er. Wir rauchen eine Zigarette. Es knallt und stinkt, aber Raketen sind nicht zu sehen. Er geht. Ich bin umgeben von all den toten Bergsteigerinnen. Alison Hargreaves, Julie Tullis, Wanda Rutkiewicz, Chantal Mauduit, Liliane Barrard, Francys Arsentiev, Marija Frantar, Ekaterina Ivanova, Yasuko Namba, Halina Krueger-Syrokomska, Dobroslawa Wolf, Hannelore Schmatz, Pasang Lhamu, Galina Tchekanova, Alexandra David-Néel, Ella Maillard – alle sind da. Ich singe ihnen leise ein Lied: »Und in dem Schneegebirge, da fließt ein Brünnlein kalt, und wer daraus getrunken, wird jung und nimmer alt. Ich hab daraus getrunken so manchen kühlen Trunk, ich bin nicht alt geworden, ich bin noch allzeit jung.« Ist das nicht ein schamanisches Lied? Ich denke daran, daß all diese Frauen einmal in Kathmandu waren und in den eisigen Bergen gestorben sind. »Ein schöner Tod für eine Bergsteigerin«, meinte Miss Hawley. Und ich denke an Alexandra David-Néels Tagebucheintrag über einen Traum, den sie hier hatte. »Die Traumbilder waren so lebendig, und als ich aufwachte, wurde mir klar, daß Träume und die vergangene Realität die gleiche Qualität haben. Das Leben ist nur ein Traum.«

Es ist Zeit, die Welt umzuträumen.

Dank

Ich danke vor allem meiner Schwester Ilse Zambonini, die sich meine Überlegungen für und gegen dieses Buch anhörte, kommentierte (»Find ich blöd diesen Spruch ›Lieber einen Tag Tigerin‹. Warum haben Frauen es eigentlich nötig genauso heldenhaft aufzutreten wie Männer!«) und so zu meiner Entscheidung beitrug, und meiner Tochter Valentina, die mich immer im richtigen Augenblick mit den richtigen Worten aufbaut.
Ich danke Uschi Demeter dafür, daß sie mir die Angst vor Himalayabergen genommen hat. Den Mitarbeiterinnen der Bibliothek des Deutschen Alpenvereins in München danke ich für ihre ermutigende Unterstützung, ebenso Elizabeth Hawley, die mir ihre Archive öffnete. Hedwig Rüber, Geobuchhandlung München, Günther Härter vom Summit Club, Thomas Weber von der Schweizer Stiftung für Alpine Forschungen und Prakash Adhikari von der Himalayan Rescue Association Nepal in Kathmandu versorgten mich mit wertvollen Informationen. Oswald Oelz war so hilfreich wie erheiternd. Heidi Lüdi versorgte mich schließlich mit Adressen und Telefonnummern der Schweizer Bergsteigerinnen, und Verena Jäggin gab mir alle Informationen über die Frauenvereinigung Rendez-Vous Hautes Monta-

gnes. Ich danke ganz besonders allen Bergsteigerinnen, die bereit waren, mir von ihren Erlebnissen in den Bergen, von ihren Träumen und Enttäuschungen zu erzählen.

Ohne Emmi Bauer vom »Gläsernen Eck« hätte ich mich manchmal im Eis verloren. Meine Freundinnen vom Frauenstammtisch »Lieber Geier in Tibet als Hausfrau in Deutschland« halfen mir beim Entspannen, so daß ich auch Freitag nachts nicht vor zwei Uhr ins Bett kam. Sonja Lechner vom Unsölds Fitneß-Studio sorgte dafür, daß ich in den vielen Stunden am Computer nicht die Fassung verlor.

Dorje Tenzing erinnerte mich daran, die Spiegelungen nicht mit der Wirklichkeit zu verwechseln.

Und schließlich verdanke ich es dem Zufall, den es nicht gibt, daß ich in einem überfüllten Zug die Lektorin Sabine Jaenicke vom nymphenburger Verlag getroffen habe.

Literatur

Mein Buch basiert auf Gesprächen mit Bergsteigerinnen und Bergsteigern, Interviews, Zeitungsartikeln, Expeditionsberichten und Büchern. Es ist keine vollständige Chronik des Frauenbergsteigens. Ich erhebe nicht den Anspruch, die absolute Wahrheit über alle beschriebenen Ereignisse zu wissen, habe aber auch keinen Grund, an den Informationen, die mir zur Verfügung standen, zu zweifeln. Aber es ist natürlich möglich, daß Bergsteiger und Bergsteigerinnen, die ich nicht befragen, nicht zitieren konnte, Ereignisse anders sehen. Bei keiner Reportage wurde mir bisher so oft gesagt: Das sage ich jetzt dir, aber schreib das bitte nicht.

Folgende Bücher lieferten mir Informationen, Zitate und Hintergrundwissen:

Allione, Tsültrüm: *Tibets weise Frauen*, München 1986

Allison, Stacy: *Beyond the Limits*, o. O. 1993

Angell, Shirley: *Pinnacle Club, A History of Women Climbing*, Leicester 1988

Arthur, Elizabeth: *Beyond the Mountain*, New York 1983

Ballard, James: *One and Two Halves to K2*, London 1996
Blum, Arlene: *Annapurna, A Woman's Place*, London 1980
Bonington,Chris: *Triumph in Fels und Eis, Geschichte des Alpinismus*, Stuttgart 1992
Bernbaum, Edwin: *Sacred Mountains of the World*, San Francisco 1990
Boukreev, Anatoli und DeWalt, G. Weston: *Der Gipfel*, München 1998
Bremer-Kamp, Cherie: *Living on the Edge*, Sidney 1987
Cobb, Sue: *The Edge of Everest, A Woman Challenges the Mountain*, Harrisburg 1989
Coburn, Broughton: *Everest, Gipfel ohne Gnade*, Augsburg 1998
Diemberger, Kurt: *K2, Traum und Schicksal*, München 1989
Dingle, Graeme: *Dangerous Journeys*, Auckland 1995
Dyrenfurth, Hettie: *Memsahib im Himalaya*, Leipzig 1931
Einarsen, John: *The Sacred Mountains of Asia*, London 1995
Evans-Wentz, W.Y.: *Cuchama, Heilige Berge der Welt*, Basel 1984
Gillman, Peter und Salkeld, Audrey: *Everest*, München 1993
Hales, Jane: *Memoirs of Modest Mountaineer*, Holt Norfolk 1984

Hargreaves, Alison: *A Hard Day's Summer*, London 1994
Harper, Stephen: *Lady Killer Peak: A Lone Man's Story of Twelve Women on a Killer Mountain*, London 1965
Hechtel, Sybille: *»Untitled« American Alpine Journal* 1974
Herrligkoffer, K. M.: *Mount Everest,Thron der Götter, München*, Wien 1982
Herrligkoffer, K. M. und andere: *Mount Evererst ohne Sauerstoff*, Bamberg 1979
Herzog, Maurice: *Annapurna*,Wien 1952
Jackson, Monica und Stark, Betty: *Tents in the Clouds*, o. O. 1956
Jefferies, Margaret: *Sagarmatha, Mother of the Universe*, Seattle 1991
Kogan, Claude: *White Fury: Gaurisankar and Cho Oyu*, London 1956
Krakauer, Jon: *Into Thin Air*, New York 1997
Kukuczka, Jerzy: *Im vierzehnten Himmel*, München 1990
Lhalungpa, Lopsang: *Tibet, Heiliger Raum*, Frankfurt 1990
Mazel, David: *Mountaineering Women*, Texas University Press 1994
Messner, Reinhold und Höfler, Horst: *Hermann Buhl. Kompromißlos nach oben*, München 1997
Miller, Luree: *On Top of the World, Five Women Explorers in Tibet*, Frome USA 1976
Moffat, Gwen: *Space Below my Feet*, London 1961

Noble, Christina: *Over the High Passes. A Year in the Himalayas*, Glasgow 1987
Norbu, Namkai: *Gans Ti se'i Dkar C'ag, A Bönpo-Story of the Sacred Mountain Ti Se*, Roma 1989
Natterer, Reinhilde: *Schwindelfrei*, München 1990
Reinisch, Gertrude: *1. Österreichische Frauenexpedition »Shisha Pangma«*, Wien und München 1995
Reinisch, Gertrude: *Wanda Rutkiewicz, Karawane der Träume*, München 1998
Reznicek, Felicitas von: *Von der Krinoline bis zum sechsten Grad*, Engelberg 1967
Russel, Mary: *The Blessings of a Good Woollen Skirt*, London 1986
Rutkiewicz, Wanda: *Na jednej linie*, Warschau 1986
Sax, William: *Mountain Goddess. Nanda Devi*, Oxford University Press 1991
Siegrist, Dominik: *Sehnsucht Himalaya*, Zürich 1996
Simpson, Joe: *Dark Shadows Falling*, London 1997
ders.: *Touching the Void*, London 1986
Steinmann, Ruth: *Abenteuerin zwischen Null und Achttausend*, CH-7104 Versam, März 1999
Stephens, Rebecca: *On Top of the World*, London 1994
Tullies, Julie: *Clouds from Both Sides*, London 1987
Warth, Hermann und Dietlinde: *Makalu, Expedition in die Stille*, St. Ottilien 1979
Wörterbuch der Völkerkunde, Stuttgart 1965
Wörterbuch der Symbolik, Stuttgart 1985
Wörterbuch der deutschen Volkskunde, Stuttgart 1974

Zeitschriften (verschiedene Jahrgänge)
HIGH US-Magazin
SUMMIT US-Magazin
CLIMBING US-Magazin
CLIMBER Britisches Magazin
THE ALPINE JOURNAL Britisches Magazin
BERGE Schweizer Magazin
ALPIN Deutsches Magazin
Jahrbuch des American Alpine Journal
Jahrbuch des Schweizer Alpenclubs
Alpenvereinsjahrbuch
American Alpine News

Frauen, die mit der Vereinigung Rendez-Vous Hautes Montagnes Kontakt aufnehmen wollen, wenden sich an:

Verena Jäggin
St. Alban-Ring 201
CH-4052 Basel
Tel.: 061/3137981